마중물독서 4

소비와 환경에 대하여

소비와 환경에 대하여

류대성, 왕지윤, 서영빈 엮음

머리말

책과 멀어진 그대에게

오늘도 정신없이 바쁜 하루였죠? 숨 가쁘게 흘러가는 일상이지만 뉴스도 챙겨봐야 하고, 실시간 검색어도 놓칠 수 없습니다. 남들보다 뒤처지지 않으려고 안간힘을 쓰고 경쟁에서 탈락하지 않기 위해 몸부림칩니다. 4차 산업혁명 시대가 온다는데 인공지능과 로봇이 내 일자리를 뺏어가는 건 아닌지 걱정도 되지요. 사람들은 앞으로 달려가고 세상은 빛의 속도로 발전하는데 나만 제자리인 것 같아 또 불안해집니다. 이런 세상에서 책이라니요?

공부, 진로, 취업, 연애, 결혼, 육아, 노후… 우리가 살면서 걱정하고 고민해야 할 현실적인 일들이 산더미만큼 쌓여 있습니다. 그리고 책 읽기는 안드로메다만큼 멀게만 느껴집니다. 모르는 게 있으면 스마트폰이 해결해주고 '베프'와 이야기 나누는 게 훨씬 도움이 되는 것 같습니다.

이런 현실에서 나를 행복하게 해주는 것은 무엇인가요? 사랑하는 사람을 만나고, 가족과 시간을 보내고, 친구과 수다를 떨고, 재미있는 드라마나 영화를 봅니다. 때로는 여행을 떠나 잠시 자유를 만끽하기도 하죠. 하지만 그 순간도 잠시일 뿐 근본적으로 우리네 삶이 달라지지는 않습니다. 열심히 자기계발에 몰두하고 부동산과 재테크에 열을 올려도 인생은 왜 확 바뀌지 않는 걸까요? 어쩌면 삶의 목적과 방법을 잘못 설계했기 때문은 아닐까요? 이렇게 느끼는 분들에게 책 읽기를 권합니다.

책을 읽는 시간은 나와 오롯이 대면하는 고독의 시간입니다. 스마트 시대에 수많은 사람들과 관계를 맺고 사는 우리는 자신을 돌아볼 시간이 부족하지요. 책 읽기는 그런 속도전의 시간에서 벗어나 내가 누구인지 돌아보고, 나의 생각과 욕망에 대해 들여다보는 순간을 선사합니다. 나를 돌아보고 내가 어떤 사람인지 알면 세상을 주체적으로 살아갈 수 있는 힘이 생기죠. 책 읽기를 통해 사람과 세상을 보는 눈도 달라지고요. 무엇보다 책 읽는 '재미'는 포기할 수 없는 인생의 즐거움 가운데 하나입니다. 책의 내용을 머릿속에서 그리며 작가와 대화를 나누는 동안 영화를 보거나 게임을 하는 것과는 또 다른 즐거움을 느낄 수 있을 겁니다. 스트레스를 해소하는 가장 좋은 방법이 '독서'라는 연구 결과는 너무나 유명

한 얘기이죠. 바쁘고 정신없는 일상이지만 틈틈이 책을 읽으며 새로운 생각이 떠오르고 사고가 확장되는 경험을 여러분이 해보았으면 좋겠습니다.

'마중물 독서' 시리즈는 책과 멀어진 사람들을 위해 준비한 기획물입니다. 보다 많은 사람들이 책 읽는 즐거움을 느낄 수 있도록 여러 사람들이 오랫동안 머리를 맞대고 고민했습니다. 쉽고 재미있고 감성적인 글들을 모으고 골랐습니다. 이별, 만남, 사랑, 우정, 배움, 미래, 환경, 소비 등 일상에서 만날 수 있는 주제들을 다양한 관점에서 살펴볼 수 있도록 글들을 엮었습니다. 무엇보다 책 읽기를 어려워하는 사람들에게 부담이 없는 글이어야 한다는 것에 우리는 의견을 모았습니다. 부디 천천히 음미하면서 책 읽기에서 얻을 수 있는 기쁨과 행복을 느끼길 바랍니다.

물론 이 책을 읽는다고 해서 갑자기 세상이 핑크빛으로 보이지는 않을 겁니다. 다만 책 읽기의 즐거움을 아는 징검다리로 이 책을 활용해보시기 바랍니다. 여유로운 시간에 짧은 글을 한 편씩 읽다 보면 일상에서 부딪히는 다양한 인간사, 세상사에 대해 알게 될 것입니다. 다른 이야기, 다른 책으로 독서를 넓혀가고 싶어질 것입니다. 그렇게 가볍게 시작한 독서가 보다 깊고 넓은 독서로 확장된다면 이 시리즈는 성공이라 할 수 있습니다.

4권 『소비와 환경에 대하여』는 우리의 일상에 관한 이야기입니다. '소비'와 '환경'은 뫼비우스의 띠처럼 연결되어 있습니다. 우리가 소비를 하면 할수록 환경에는 좋지 않은 결과를 가져옵니다. 소비가 늘면 환경은 파괴되고, 생태계 보존에 힘쓰다 보면 인간의 생활은 불편해지겠지요.

오늘 간식으로 먹은 빵의 재료인 밀가루의 생산지, 빠르고 싸게 소비할 수 있는 패스트 패션에 감춰진 이면, '명품'을 갖고 싶어 하는 우리의 욕망, 육식에 대한 고찰, 집과 주거 비용 등 우리의 삶을 이루고 있는 소비에 관한 이야기를 읽고 나면, 인류의 물질문명이 파괴한 환경의 어두운 그림자를 들여다볼 차례입니다. 흙 한 줌에 깃든 생명의 소중함, 잔디밭에 숨겨진 유래, 버려진 땅에 몰래 꽃을 심는 게릴라 가드닝, 일회용품 사용의 위험성, 유기동물과 지구온난화 이야기 등 우리가 살고 있는 지구를 위해 알고 신경 써야 할 다채로운 이야기를 만날 수 있습니다.

이들 이야기를 읽고 나서 우리를 둘러싼 환경과 소비에 대해 경각심을 가지고, 거창한 실천이 아니더라도 생활 속 작은 실천을 실행해보는 것도 좋겠지요.

2018년 4월

류대성, 왕지윤, 서영빈

차례

머리말 | 책과 멀어진 그대에게   5

1부 소비에 대하여

'아무것도 사지 않는 날' 소비에서 독립하기 박효경   13

럭셔리라는 마법의 수수께끼 노명우   17

1인 가구는 봉이 아니다 김율희   27

월세로 전전긍긍, 여기 오니 달라졌다 조현준   35

싸게 사고 빠르게 버린다 이민정   41

유니폼 사려고 밤새워 본 적 있어? 양정민   58

채식, 세상을 바꿀 수 있는 힘 달군   63

태평양의 '콜라 식민지' 구정은   69

자유롭게 국경을 넘는 밀가루 박선미·김희순   84

우리가 소비하는 이유 강신주   96

2부 환경에 대하여

오늘도 격렬히 일회용품을 싫어하는 중입니다 배선영	115
흙 한 줌에 깃든 우주 서정홍	123
그들에게 삶을 돌려주는 일 이정숙	130
게릴라 가드닝, 도시를 푸르게 바꾸는 혁명 오경아	136
빗물 박사님이 꿈꾸는 행복한 세상 에코주니어	144
미세먼지, 너 누구냐? 남준희·김민재	153
소음공해 오정희	167
무농약 와인 목수정	174
잔디와 제국주의 황대권	179
명태는 돌아오지 않는다 남종영	186

1부
소비에 대하여

'아무것도 사지 않는 날' 소비에서 독립하기

박효경

오랜만에 휴일을 맞아 동대문 풍물시장에 갔습니다. 중고물품이 엄청 많더군요. 카메라, 라디오, 자전거, 신발, 가방, 옷, 시계…… 낡은 것들도 있고 낡아서 더 멋져 보이는 것들도 있고요. 문득 '지금부터 상품을 만들지 않고 여기 있는 중고물품만 사용해도 몇 년은 문제없이 살 수 있지 않을까?' 하는 생각이 들었답니다.

늘 아무 생각 없이 지갑을 열고 돈을 쓰며 소비하는 우리들. 혹시 '아무것도 사지 않는 날'이라고 들어보셨나요? 해마다 11월 26일, 우리의 소비가 지구에 어떤 영향을 미치는지 생각해보자는 취지로 세계에서 함께 벌이는 캠페인인데요. 이 캠페인은 쇼핑을 하기 전에 생각해봐야 할 것을 다음과 같이 제시하고 있습니다.

나는 진정 그것을 원하는가?
나는 그것이 정말로 필요한가?
직접 만들 수는 없는가?
지금 가진 것들을 재사용, 수선 또는 재활용할 수 있는가?
지역에서 생산된 것을 살 수 있는가?
공정한 무역을 통해 생산된 제품인가?
그 물건을 다른 이들과 공유할 수 있는가?
더 나은 도덕상의 대안은 없는가?

아름다운지구인 캠페인(녹색연합에서 진행하는 환경보호 캠페인)에서 '아무것도 사지 않는 날'의 취지를 어떻게 체험으로 전달하면 좋을까 무척 고민했습니다. 하루쯤 소비하지 않는 것이야 그리 크게 어려울 것 같지 않아서 말이죠. 오늘 사지 않아도 내일 사면 되니까요. 그래서 녹색생활에 관심이 많은 책모임 북카치노에서 일단 아이디어를 나눠보기로 했습니다. 중요한 것은 소비를 하루 미루는 것이 아니라, 꼭 필요한 것인지 되묻고 꼭 필요하다면 사지 않고 구할 수 있는 실천방법이니까요.

우선은 정리를 하는 습관이 필요합니다. 물건을 가지고 있었는데도 정리를 잘 해두지 않아서 또 사게 되는 그런 경험 있으시죠? 그런 실수를 방지하기 위해 평소에 정리를 잘 해두는 습관을 들이자는 겁니다. 그다음으로는 꼭 필요하지는 않지만 싫증이 나서 새로운 것을 사고 싶은 욕망을 해결하는 방법인데요. 욕망을 억누르기보다 친구들과 바자회를 열어보는 겁니다. 친구의 옷을 내가 입으면 또 달라 보이는 그 느낌, 아시죠? SNS에서 물물교환을 할 수도 있고요. 내가 갖고 있는 책 목록을 공유해 필요할 때 대출을 해주는 이웃집 도서관이 되어보는 것도 재밌지 않을까요?

  마지막 아이디어는 가장 어려울 수 있지만 꼭 실천해볼 만한 것인데요. 내가 필요한 것을 직접 만들어 보는 겁니다. 언제부터인가 우리는 사지 않으면 살 수 없다는 두려움을 갖고 있지 않나요? 살 수 있기 위해 돈을 벌어야 하는 불안에서 벗어나는 방법은 사지 않아도 살 수 있다는 자유로움인 것 같아요. 아주 작은 상자텃밭 하나, 아주 작은 공간박스 하나, 장바구니도 괜찮아요! 삐뚤빼뚤 못나도 내 손으로 직접 만들어본 뿌듯함을 조금씩 쌓다 보면 "이쯤이야 내가 만들 수 있어!" 하는 자신감이 생길 것 같습니다. 그 자신감을 좀 더 추켜세우며 이렇게 말하고 싶네요. "소비로부터 독립했노라!"라고 말이죠.

ⓒ 박효경, 「'아무것도 사지 않는 날' 소비에서 독립하기」, 〈녹색연합〉, 2013.11.26.

작가 소개

박효경

녹색연합 상상공작소 팀장. 환경운동가이지만 물 절약은 잘 못한다. 사실 중간에 있는 걸 많이 좋아한다. 중간은 '연결'이기도 하기 때문이다. 환경운동과 아닌 것들이 만나서 생기는 재밌는 일들을 연결하는 일을 하고 싶다.

느낌들

『습관의 힘』의 저자 찰스 두히그는 우리가 매일 반복하는 선택들이 신중하게 생각하고 내린 결정이 아니라, 습관에 의해 나타나는 패턴화된 행동이라고 지적한다. 우리는 필요에 따라 쇼핑을 한다고 여기지만, 어쩌면 쇼핑을 하면서 필요하다고 느끼게 되는지도 모른다. 반복적으로 해오던 일을 잠깐 멈추는 순간, 우리는 우리가 멈춘 행동이 지닌 의미에 대해 생각해보게 된다. 습관적으로 해오던 쇼핑을 멈추고 소비의 의미를 생각해보자는 캠페인이 당장의 쇼핑 습관을 바꾸어 놓지는 못할 것이다. 다만 이 실천과 생각의 시작이 변화를 앞당기는 계기가 될 수 있지는 않을까.

럭셔리라는
마법의 수수께끼

노명우

출퇴근길 인파로 꽉 찬 지하철에는 품위나 우아함 따위는 들어설 틈이 없다. 비라도 내리는 날의 출근길이라면 생지옥이 따로 없다. 서로 부딪히고 아우성치는 지하철 속 사람들의 머릿속에는, 로또만 당첨된다면 매일 되풀이되는 이 악몽을 끝내고 싶다는 생각으로 가득 차 있을 것이다.

저기 사람들 속에 갓난아이라도 되는 양 구찌 가방을 온몸으로 끌어안고 다른 승객으로부터 보호하려고 안간힘을 쓰고 있는 한 여자가 있다. 이해는 된다. 그 가방의 가격은 웬만한 월급쟁이의 한 달 치 월급이 넘을 테니. 지난밤의 삼겹살과 소주 냄새를 여전히 풍기는 저 남자의 넥타이는 에르메스다. 저 여자의 구찌 가방만큼이나 지하철과는 어울리지 않는다. 저 물건을 살 수 있는 경제적 능력이 있는 사람이 왜 이 지옥 같은 지하철을 탔단 말인가? 그 사람들은 서민의 삶을 살피러 나온 잠행하는 왕족이라도 될까?

이 아이러니를 설명할 수 있는 방법은 두 가지이다. 아마 그 사람들은 과다 지출을 감수하며 '명품'을 샀을 것이다. 혹은 그 가방과 넥타이가 이른바 '짝퉁'이라면 아이러니는 더 쉽게 이해된다. 하지만 그 가방이 진품인지 짝퉁인지는 오히려 사소한 차이이다. 진품과 짝퉁을 휘감는 공통점은 '럭셔리 열풍'이다. 진품과 짝퉁은 '럭셔리 열풍'에 휘감겨 있는 사람들의 경제력에 따른 차이에 불과하다. 어느 누군가의 말처럼 "럭셔리라 써 놓고 명품이라 읽는" 우리 시대의 주술에 부자든 중산층이든, 직장인이든 대학생이든 모두 사로잡혀 있다. 이 마법은 우리 시대의 커다란 수수께끼이다.

소비는 매우 실용적 행위이다. 하지만 쇼핑의 희로애락을 알고 있는 사람이라면 쇼핑이 단순한 경제적 행위 이상이라는 점에 동의할 것이다. 소비는 매우 능동적인 행위인 듯 보여도 그 물건을 사도록 만드는 힘은 우리 외부에 있다. 남 따라 쇼핑 가기, 계획에도 없는 소비하기, 있어 보이려고 물건 사기 등등이 반복되는 일상을 서양 언어 번역 문투를 흉내 내서 표현하면 이렇다.

우리는 소비하는 것이 아니라 소비하도록 만들어진다. 소비주의consumerism라는 다소 어색한 단어는 이 현상을 표현하기 위해 만들어졌다.

소비주의가 빚어내는 풍경을 이해하기 위해선 아주 끈질긴 사유의 관습과 거리를 두어야 한다. 우리는 사치품 소비가 여성의 몫이라는 편견을 갖고 있다. 베스트셀러이자 영화로까지 만들어진 칙릿 소설 『쇼퍼홀릭』에서 신용카드 빚더미에 시달리면서도 쇼핑 중독을 포기하지 못하는 주인공 레베카는 여성이다. 쇼핑 중독을 고백하는 자전적 에세이 『나는 명품이 좋다』로 꽤 짭짤한 인세를 챙겨, 그 돈으로 다시 긴자의 부티크숍을 순례하는 삶을 되풀이하고 있는 나카무라 우사기도 여성이다. 사람들은 책을 덮으며 확신한다. 역시 동서양을 막론하고 사치를 일삼는 '된장녀'가 문제라고.

하지만 우리 시대의 '럭셔리 열풍'은 여성적 현상만은 아니다. 미국이 디즈니랜드라는 사실을 감추기 위해 디즈니랜드가 있다는 유명한 말처럼, 된장녀는 반지하에 살면서도 골프라는 럭셔리한 취미를 즐기는 남자, 손수 자동차를 몰지만 에쿠스만을 고집하는 남자, 21년산 위스키를 맥주와 섞어 구정물 맛이 나는 폭탄주로 만들어 삼키는 남자를 숨기고 있을 뿐이다. 사치에 관한 한 양성평등은 법률적 양성평등보다 더 빨리 이뤄졌다. 된장녀를 희생

양으로 내세울 경우, 우리는 오히려 남자 여자를 막론하고 보편적으로 퍼져 있는 '럭셔리 열풍'이라는 마법의 실체를 보지 못하게 된다. 누구나 빠져 있는 마법을 파헤치기 위해 베블런의 『유한계급론』을 펼친다.

노르웨이 출신 이민자의 아들로 태어난 베블런은 미국 자본주의의 승자인 '유한계급'에게 비판의 칼날을 겨누는 『유한계급론』을 남겼다. 미국 자본주의의 승자인 '유한계급'의 삶은 청교도적 근검절약과는 거리가 멀다. 베블런은 유한계급이 다른 사람과 자신을 구별하기 위해 벌이는 과도한 사치 행각을 '과시적 소비'라 불렀다. "공동체의 일상적인 삶과 남자들의 사고관습을 지배하던 약탈 활동이 생산 활동에 차츰차츰 자리를 내주게 되면서, 축적된 금전이 약탈이라는 명예로운 활동의 전리품을 대신하여 우월함과 성공을 대표하는 인습적인 지표의 자리를 차지하게 된다. 그에 따라 정작 산업이 성장하면서 금전의 소유는 명성과 존경을 부르는 관습적 근거로서 상대적인 중요성과 효력을 획득하게 된다."[1]

중세 귀족들의 과시적 소비는 궁정 안의 '그들만의 리그'였지만, 자본주의와 과시적 소비가 만나면 그 효과는 '유한계급'의 범위를 벗어난다. '과시적 소비'가 '유한계급'의 범위를 넘어서는 현상을 분석하는 『유한계급론』은 1899년의 책이지만, 이 책이 분석한 효과는 바로 지금의 현상이다. 과시적 소비가 문화적 관습법 같은 영향력을 발휘하면서 모든 사회계층이 과시적 소비의 영향권으로 편입된다. "문명화된 현대 사회에서 사회계급을 구분하는 경계선은 점차 모호해지고 가변적인 것이 되어 가지만, 이러한 변화가 발생하는 모든 곳에서 상류계급이 강요하는 명성의 규준은 그에 대한 약간의 저항을 제외하면 사회구조의 최하층까지 그 강압적인 영향력을 거침없이 확장한다. 그 결과 각 계급의 구성원들은 자신들보다 한 단계 높은 계급에서 유행하는 생활양식을 자신들이 추구해야 할 이상적인 생활양식으로 인정하고 그러한 이상을 추구하는 데 자신들의 에너지를 쏟아붓는다."[2]

유한계급의 과시적 소비와 물이 높은 곳에서 낮은 곳으로 흐르는 이른바 낙수효과 trickle-down가 만날 때, 끊임없는 유행의 사이클이 만들어지고, 유행이 흐르는 모세혈관과도 같은 세밀한 길을 통해 과시적 소비는 저 낮은 곳에 있는 계층에까지 영향을 준다. 그래서 개인적으로 청담동 며느리를 알지 못하는 사람도 '청담동 며느리 룩'이라는 유행 현상에 휘말리는 것이다.

하지만 아무리 따라잡고 흉내 내도 부자가 아닌 사람은 과시적 소비를 위한 럭셔리 상품의 유행이 폭포수처럼 아래로 떨어지는 저 높은 곳에 도달할 수 없다. 피라미드의 아래층에 있는 사람들이

---

1 소스타인 베블런, 김성균 옮김, 『유한계급론』, 우물이있는집, 2005, 49쪽.

2 앞의 책 102쪽.

흉내내는 속도보다, 저 높은 곳에서 만들어지는 유행의 스피드가 늘 더 빠르기 때문이다. 부자들만 진짜 위스키를 마시고 다른 사람들은 양주 흉내를 내는 싸구려 기타제재주를 마실 때는 괜찮다. 위스키가 대중화돼 부자들만 맛보던 위스키를 모두가 마시기 시작하자마자 부자들은 12년산 위스키를 찾고, 12년산 위스키를 흉내내면 21년산이 등장한다. 2층 양옥집에 살던 부자를 따라서 평생 모은 돈으로 양옥집을 지으면 부자는 아파트로 이사하고, 그들을 따라 아파트로 이사하면 부자는 타운하우스로 거처를 옮긴다.

채워지지 않는 흉내 내기가 반복되면, 저 높은 곳에 있는 부자는 부러움의 대상이 된다. 이제 세상의 부자는 질투가 아니라 부러움을 전리품으로 챙기며 자본주의 전쟁에서 승리한 현대의 위인으로 등극한다. 그래서 부자들이 사용하는 럭셔리 브랜드 상품은 '명품'이라 읽힌다. 명품에 중독되어 있는 나카무라 우사기의 고백이다. "수년 전 에르메스라는 브랜드가 내 마음속에서 신비롭게 빛나고 있던 시대였다. 이미 엄청나게 사들였다. 에르메스, 그야말로 에르메스 매장은 아수라장이다. 최초의 목표는 켈리와 버킨 핸드백을 손에 넣는 것이다. 이것은 하나에 40만 엔에서 80만 엔이나 하는 데다, 항상 품절 상태라 좀처럼 입수하기 어려운 마치 산꼭대기의 꽃 같은 존재이다."[3]

명품은 자본주의가 승자에게 선물하는 훈장이다. 나카무라 우사기는 '명품'의 본질을 잘 간파하고 있다. "나에게 있어서 자본주의란, '부자라는 영광의 골을 향해 맹렬하게 싸우는 게임'이다. 그리고 명품은 그 게임의 경품이다."[4]

명품이라는 훈장은 내가 성공했음을, 내가 돈이 있음을 전하는 메시지다. 자본주의의 경쟁에서 완전히 밀려난 사람들은 자본주의의 훈장 따위에 아예 관심도 없다. 하지만 한쪽 발은 성공할 수 있으리라는 기대를, 다른 한쪽 발은 욕심을 충족시켜 줄 만한 돈을 갖고 있지 않다는 현실을 딛고 있는 중산층이 가장 가련하다. 중산층은 럭셔리 유행을 따라 하기에는 돈이 너무나 부족하고, 유행과 거리를 두기에는 자본주의의 훈장이 너무도 탐이 난다.

중산층이 이러한 진퇴양난에 빠져 있는 한, 실제 럭셔리 상품의 구매 여부와 상관없이 과시적 소비가 만들어내는 유행이 우리들의 사유를 지배한다. 이 시대에 부자들은 정치인처럼 권력으로 세상을 지배하지 않는다. 부자들은 영리하게도 평범한 사람들이 자신을 부러워하게 만들고, 이 부러움에 근거해 우리의 뇌를 장악한다. 프랑스대혁명 때 부르주아와 평민은 봉건귀족의 사치에 대항하기 위해 공동의 전선에 서 있었다. 부르주아와 평민의 공동의 연합전선은 이미 오래전에 붕괴되었다. 이제 부자들은 자신의 몸

---

3 나카무라 우사기, 안수경 옮김, 『나는 명품이 좋다』, 사과나무, 2002, 18~19쪽.
4 앞의 책 59쪽.

은 숨긴 채, 중산층에게 패션의 전도사인 연예인이라는 '셀레브리티'를 전면에 내세워 세상을 장악한다. 상류층이 아닌 사람은 사실 상류층이 사는 모습을 자기 눈으로 직접 확인할 길이 없다. 타워팰리스에 상류층이 산다는 사실은 알고 있지만, 실제로 상류층을 만날 가능성은 제로에 가깝다. 연예인 '셀레브리티'는 상류층을 대신해서 상류층의 삶을 전시하는 살아 있는 마네킹과도 같다. 상류층의 '과시적 소비'는 대리인인 연예인을 통해 낮은 곳으로 흐른다. 낮은 곳으로 떨어지는 상류층 트렌드의 폭포 바로 밑에 상류층을 흉내 내고 싶지만 돈은 충분하지 않은 중산층이 있다.

　명품계는 돈이 부족한 중산층이 상류층을 따라 하기 위해 고안해 낸 몸부림이다. 아웃렛과 면세점은 중산층의 또 다른 탈출구이다. 그래서 '과시적 소비'가 중산층까지 지배하면 공항 면세점은 발 디딜 틈 없이 붐비고, 교외에 있는 명품 아웃렛은 사람들을 블랙홀처럼 빨아들인다. 승리하지 못했으나 승리가 부러운 사람은 궁색하게 공항 면세점에서 혹은 다소 부끄럽게 짝퉁에서 해결책을 찾는다. 최소한의 비용으로 상류층의 과시적 소비를 따라잡을 수 있는 방법을 궁리하느라 '면세점 100퍼센트 활용법'과 명품 아웃렛 정보 수집에 두뇌 활동의 대부분을 할애하기 시작하면, 민주주의를 지향하던 유권자는 소비자로 변화한다. 유권자일 때 유효하던 1인 1표제라는 민주주의의 놀라운 평등은, 소비자로 변화하자마자 구석에 처박힌다. 유권자는 정의롭지 못한 방식으로 축적된 부를 단죄하는 수단을 손에 쥐고 있지만, 소비자로 변화한 우리는 자본주의의 승자와 패자로 분리된다.

유권자가 소비자가 되는 사회에서, 소비주의는 개인의 무거운 선택을 가벼운 선택으로, 정치투표장에서의 고민을 백화점에서의 고민으로, 정치적 권리인 자유를 경쟁하는 브랜드 중 무엇을 고를 것인가의 자유로 바꾸어 놓는다. 그래서 부자들의 라이프스타일에 대한 관심이 커질수록 부자들의 불법 상속에 무관심해지고, 쇼핑몰에 습관적으로 북적대는 사람들이 늘어날수록 투표율은 낮아지고, 고객상담실에 전화를 걸어 소비자의 권리를 주장하는 사람들이 늘어날수록 공적인 일에 분노하는 사람들은 줄어드는 법이다.

이번 주말에도 사람들은 자본주의의 훈장을 수집하러 차를 몰고 교통마비를 불러일으킬 정도로 아웃렛으로 몰려간다. 하지만 아웃렛에서 아는 사람을 마주치는 순간 멋쩍은 표정을 짓고, 내 훈장이 짝퉁임을 알아보는 눈썰미 있는 사람의 눈초리를 무서워한다. 짝퉁임이 드러나는 날, 내 훈장인 '명품'이 자본주의의 승자라는 표시에서 속물이라는 딱지로 전락함을 잘 알고 있기 때문이다.

ⓒ 노명우, 「세상 물정의 사회학」, 사계절, 2013.

작가 소개

노명우

사회학자, 아주대학교 사회학과 교수. 베를린 자유대학교에서 사회학 박사학위를 받았다. 프랑크푸르트학파의 비판이론에서 사회를 비판적으로 성찰하는 열정을 물려받았고, 버밍엄학파의 문화연구에서는 동시대에 대한 민감한 촉수의 필요성을 배웠다. 지은 책으로 『텔레비전, 또 하나의 가족』, 『아방가르드』, 『혼자 산다는 것에 대하여』, 『세상 물정의 사회학』 등이 있으며, 옮긴 책으로는 『발터 벤야민과 메트로폴리스』, 『구경꾼의 탄생』(공역) 등이 있다.

느낌들

네트워크의 시대, 연예인과 같은 유명인들이 인스타그램에 올리는 사진은 실시간으로 공유된다. 그들의 옷, 신발, 가방은 물론 음식점, 휴양지, 자동차도 선망의 대상이다. 가족, 친구, 직장 동료가 소유한 럭셔리한 명품도 마찬가지다. 우리가 소비하기 위해 존재하는 것처럼 살아갈 때 노동하지 않아도 풍요롭게 살 수 있는 '유한계급'은 '구별 짓기'에 몰두한다. 루이뷔통을 들고 마트에 가는 순간 그들은 에르메스를 들고 저 멀리 사라진다. 과시적 소비와 자본주의의 욕망은 우리를 불행으로 안내한다. 타인의 시선과 인정욕구가 럭셔리한 소비를 부추기지만, 향내 나는 인품, 명품 지성을 원하는 사람은 많지 않다.

1인 가구는 봉이 아니다

김율희

내가 가장 즐겨 먹는 음식은 샐러드다. 매일 하루 한 끼 정도는 여러 가지 종류의 채소를 차가운 물에 깨끗이 씻어 물기를 빼고 커다란 볼에다가 먹기 좋은 크기로 썰어 넣는다. 채소는 굳이 가리지는 않되, 다양하게 먹어야 좋다. 케일은 씹는 맛이 있으면서도 가슬거리지 않아 혀에 닿는 감촉이 좋고, 겨자 잎은 상큼한 향이 매력적이다. 적근대는 붉은 줄기의 색감이 입맛을 돋우고 비타민은 아삭아삭 씹으며 줄기의 수분을 즐길 수 있다. 샐러드에 제철 채소를 곁들이면 이게 또 별미다. 봄이면 냉이나 달래를 다져 넣기도 하고 향긋함으로는 참나물도 빠지지 않는다. 여기에 양상추를 곁들이면 특유의 바삭바삭한 식감이 좋고, 양배추도 적당한 크기로 잘라 넣으면 뽀드득 소리에 기분이 좋다. 색감이 다양하면 눈도 즐거우니 여러 색의 파프리카와 토마토를 더하고, 양송이버섯을 생으로 썰어 넣으면 그 안의 수분이 입안 구석구석 퍼져 나가 풍미롭다.

샐러드에 핵심 메뉴를 더하면 훌륭한 한 끼 식사가 된다. 병아리콩, 연어, 닭고기, 달걀 등 단백질이 단골메뉴다. 기분 좋은 날에는 기름기가 덜한 소고기 안심을 살짝 구워 썰어 올린다. 다양한 치즈를 종류를 바꾸어 가며 곁들이면 또 새로운 세계가 열린다. 요즘은 대마 씨앗의 껍질을 벗겨 만드는 헴프시드를 치즈처럼 뿌려서 마무리하는데 이 또한 단백질이 많이 함유된 슈퍼푸드란다. 하얀 도화지에 그림을 그려도 채색 방식에 따라 다른 그림이 되는 것처럼, 기본 베이스인 채소가 같아도 주메뉴로 무엇을 고르냐에 따라 완전히 다른 음식이 된다.

드레싱도 다양하다. 대개는 가장 쉽고 간편하게 올리브유를 휘리릭 둘러 허브나 파슬리가루를 톡톡 뿌리는 정도이고, 여기에 간혹 발사믹 식초를 더한다. 달콤하게 먹고 싶을 때면 올리브유에 꿀을 살짝 섞어 향을 즐기고, 고기를 넣은 샐러드에는 매실청을 더해 소화력을 높인다. 한국식으로 참기름이나 들기름을 넣으면 또 전혀 새로운 맛이 된다. 이때는 들깻가루와 고춧가루를 살짝 곁들이는 것도 좋다. 외식을 하건 집에서 먹건 한 끼는 간이 센 음식을 먹게 마련이니 하루에 한 끼 정도는 소금 없이 채소들 고유의 간을 느껴 본다. 매우 싱거울 듯하지만, 그렇지도 않다. 갑자기 출출해진 저녁에는 같은 방식으로 준비한 채소 위에 방금 삶아 찬물에 헹군 소면을 넣어 고추장과 식초에 버무린 뒤 김가루를 살짝 뿌려 내면 훌륭한 비빔국수가 되고, 파스타 면을 삶아 페스토를 넣고 버무리면 훌륭한 콜드파스타가 된다. 뜨끈한 밥에 고추장, 참기름으로 비빔밥을 해 먹어도 좋다.

샐러드 하나를 다 먹는 데 한 시간 정도가 걸린다. 그만큼 어마어마한 양의 풀때기를 먹는다. 모르는 사람이 보면 깜짝 놀랄 정도다. 매일 한 끼를 소 여물 먹듯 대량으로 먹어대니 생각보다는 많은 식비가 들지만 아무리 그래도 밖에서 사 먹는 커피 한 잔, 많아 봐야 짜장면 한 그릇 값이면 충분하다. 매 끼니도 아니고 하루에 한 번, 삐뚤어지고 싶은 며칠을 감안해도 일주일에 다섯 번 정도 내 몸을 챙기는 시간이라 생각하면 그 정도 투자는 할 수 있다. 특히 저녁 시간에 이 정도의 샐러드 한 끼면 다음날 아침 쾌변을 볼 수 있다. 그러니 가까운 지인들에게 샐러드 사랑을 틈날 때마다 전파한다.

적절한 가격, 적절한 맛, 적절한 양의 샐러드를 밖에서 찾는 것 쉽지 않다. 한때 1인 가구 여성들을 대상으로 매일 샐러드 도시락을 배달해 주는 서비스가 인기였는데 그 실물을 보고 정말 놀랐다가 가격을 듣고는 자빠질 뻔했다. 고작 해야 양상추 두어 장 찢어 그 위에 반으로 자른 방울토마토 두세 개, 거기에 한 뼘 길이의 닭가슴살과 사이드로 마요네즈에 버무린 단호박 한 덩이가 다였다. 한 끼에 만 원이 훌쩍 넘는 식사가 이 정도의 퀄리티라니, 이게 어떻게 한 끼 식사란 말인가. 단언컨대 두 시간 뒤면 굶주린 배가 고함을 칠 것이었다. 그 반에 반도 안 되는 비용으로 이보다 족히 네 배는 많은 샐러드를 금방 만들 수 있는데 말이다. 장을 보고, 채소를 씻고 다듬는 시간이 아까워서 그랬을까?

어느 날 읽은 경제신문의 기사 첫 마디는 "1인 가구가 새로운 소비 트렌드로 떠오르고 있다"였다. 맙소사! 트렌드라고?! 일단 이 문장은 비문이다. 1인 가구는 트렌드가 될 수 없다. 봄, 가을 결혼식이 많다고 하여 그 시즌에 2인 가구가 트렌드가 아닌 것처럼, 또한 노령가구의 증가 자체가 하나의 트렌드가 될 수 없는 것처럼 말이다. 기사에서 하고 싶었던 말은 아마 '요즘은 혼자 사는 사람을 위한 제품들이 많다'가 아니었을까? 그 정도 이해한다 하더라도 이런 기사들이 든 사례들은 1인 가구로서 전혀 공감이 되지 않는 것들뿐이었다. 고가의 암체어를 들여올 수 있는 1인 가구가 몇이나 될까? 그리고 왜 기능보다는 디자인을 앞세워 팬시해 보이는 가전제품이 1인 가구에 맞춤이라고 하는 걸까? 내가 분개했던 샐러드 도시락도 이런 예다. "혼자여도 나는 소중하니까" 하는 식의 문구를 그럴싸하게 붙이고 고가의 가격 정책을 쓰면 '아하, 이건 꼭 사야 해!' 하며 물개박수를 연발할 줄 알았나. 슬쩍 작고 예쁘게 포장해 '1인 가구를 위한'이라는 태그를 붙이면 기꺼이 지갑을 열 것이라 생각했나.

혼자 사는 사람들을 부르는 호칭도 가격대에 따라 표현이 다르다. 꼭 이런 고가 제품에는 '1인 가구'라는 표현을 쓴다. 이전에 쓰던 '골드미스'라는 단어가 여성 고객만을 겨냥했던 것에 비해 좀 더 중성적인 느낌이다. 중간 가격대의 제품들, 예를 들면 마트의 소포장 음식 같은 경우에는 '싱글족'이라는 표현을 많이 쓴다. 천 원, 이천 원 하는 저가 제품에는 '자취생'이라는 표현이 붙는다. 내 한 입을 내가 책임지는 사람이라면 모두가 1인 가구인데 말이다.

문제는 나 스스로도 그러한 마케팅 프레임에 나를 맞추어 생각하는 때다. 잡지를 마구 넘기다가도 '1인 가구에 제안함' 등의 문구가 보이면 시선이 멈추고, 혼자 사는 다른 사람들의 애장품을 보면 왠지 내게도 그럴싸한 물건이 하나 있어야 할 것 같은 느낌이 든다. 디자인이 예쁜 수입 주전자, 냉장고, 가습기, 천연 유기농 오일 성분의 고가 바디용품이 대표적이다. 그런 물건이 없는 나는 하나의 가구로서 자격이 없는 것만 같다. 1인 가구라면 이 정도는 해야지 하는 마음이 든다. 다행히 나의 경우에는 샐러드 도시락의 실물을 보고 견적을 내며 그 마음의 끝을 보았다.

1인 가구가 좋은 점은, 살림에서 고려 대상이 오로지 나 하나라는 것이다. 내가 좋아하고 싫어하는 것만 고려하면 된다. 대충 수학적으로 따져도 2인 가구가 되면 고려해야 할 것이 내가 좋고 싫은 것, 상대가 좋고 싫은 것 하여 2 곱하기 2로 네 배, 3인 가구가 되면 2곱하기 2곱하기 2이니 여덟 배다. 애초에 혼자인 내가 나에 대한 성찰이 없이 시장에 휘둘려 소비하다 보면, 그 이후에 올바른 소비가 될 리가 없다. 시장에서 만들어 준 1인 가구의 타이틀이 아니라 있는 그대로 1인 가구의 입장에 선다. 샐러드 도시락이 아니라 직접 만든 샐러드를 즐기는 일은 별것 아니지만 하나의 실천이다.

나는 그저 내게 필요한 것을 적정한 가격에 골라 오래 쓸 수 있는 이 집의 책임자가 되고 싶다. 웬만한 집에서는 소화하지 못할 양의 야채를 섭취하니, 매주 장에 가면 가성비가 떨어지는 소포장 코너는 좀처럼 이용하지 않는다. 재료가 좀 많아도 조리법을 살짝 바꾸어 쓰면 그만이다. 누군가에게는 성능이 좋은 청소기를 들이는 일이, 좋은 에스프레소 머신을 들여오는 일이, 혹은 냉장고 수납용기 하나를 구하는 일이 될 수도 있다. 물건이 저가이든 고가

이든, 혼자 쓸 물건이라고 해서 절대 아무거나 쉽게 들이지는 않는다. 1인 가구는 시장의 봉이 아니다. 혼자의 삶에 막중한 책임을 가지고 의무를 다하는 살림꾼이다.

ⓒ 김율희, 『먹고 마시고 그릇하다』, 어떤책, 2016.

작가 소개

김율희

혼자살이 10년 차로, 잘 먹으면 잘 사는 것, 못 먹으면 못 사는 것이라는 단순한 가치관을 지녔다. 어릴 때부터 식탐이 많았고 동네 수입품 가게에서 그릇 구경하는 걸 좋아했다. 20대 초반은 홈쇼핑 엠디로 패션과 뷰티 상품을 기획했고, 20대 후반은 방송사 편성 피디로 계획하고 예측하는 일을 했다. 눈칫밥은 이제 그만 먹자는 생각으로 사회생활에서도 '홀로 서기'를 감행해 지금은 그릇과 패브릭, 가구를 취급하는 쇼핑몰을 운영 중이다.

느낌들

한때 유행했던 시트콤에 나오는 대학생들은 늘 카페에 앉아 한가하게 수다를 떨고, 세련된 인테리어의 하숙집에 머물며 최신형 노트북을 사용하고 있었다. 이런 대학생들이 현실에 존재하지 않는다는 사실을 안 것은 그 후로 오랜 시간이 지난 뒤였다. 많은 이들이 1인 가구에 대해 품고 있는 로망도 이와 비슷할까. 지금도 인터넷 검색창에 '1인 가구'를 입력하면 고가의 인테리어 소품과 목 좋은 도심 오피스텔에 대한 정보가 쏟아진다. 얼마 전 통계청이 발표한 「장래가구추계 시도편: 2015~2045」을 보면, 2030년엔 모든 시도에서 1인 가구가 가장 주된 가구 유형이 될 전망이라고 한다. 더 이상 1인 가구는 유행도, 현상도 아니다. 평범한 사람들의 수많은 삶의 형태 중 하나일 뿐이다.

월세로 전전긍긍, 여기 오니 달라졌다
우리가 사는 그 집, 공유주택

조현준

서울의 집값은 비싸다. 사회에 발을 내딛기 시작한 청년들에게 보증금 수백에 월세가 50만 원씩 하는 방들은 큰 부담이 된다. 25세에 취직한다 해도 100세에야 집을 살 수 있는 현실이다(국민은행, 가계동향조사, 2012). 하지만 주택문제 해결의 열쇠를 쥐고 있는 정부의 공공임대주택 재고량은 2014년 기준 약 6퍼센트(통계청, 2012). 아직 갈 길이 멀다.

주거 약자로 분류되지 않는 청년들은 공공임대주택 입주 자격에서부터 배제되고 있는 게 현실이다. 달팽이집 협동조합은 이런 현실 속에서 만들어졌다. 정부가 해주지 않는 청년주거 문제를 스스로 해결하려는 청년들이 하나둘 모이기 시작한 것이다. 시작은 단순했다. '원룸에 혼자 살면 월세가 부담스럽다 → 두 명이 같이 살면 월세가 반으로 줄어든다 → 그렇다면 집 한 채를 빌려 여러 명이 같이 살면 어떨까?' 이런 생각으로 이들은 '공유주택'이라는 새로운 실험을 하게 되었다.

혼자 장보고, 밥 먹던 사람들이 달라졌다

그렇다면 돈은? 당장 한 달 월세가 아쉬운데, 집 한 채를 빌려야 하는 돈은 어떻게 조달했을까? 협동조합은 이럴 때 빛을 발한다. 혼자 감당하기 힘든 집값은 조합원들이 십시일반 모아 해결했다. 그 돈으로 저렴한 주택을 찾고, 이 주택을 조합원들에게 다시 임대하는 방식으로 운영하고 있는 것.

덕분에 주거비용은 시세 대비 60퍼센트 정도까지 낮출 수 있었다. 협동조합 설립 2년여 만에 지난 7월 공유주택 1호점을 마련해 다섯 명의 조합원에게 첫 번째 보금자리를 제공했다. 그리고 오는 12월, 열두 명이 함께 살 수 있는 공유주택 2호점으로 건물 전체를 임대하는 실험을 준비하고 있다.

현재 달팽이집 1호인 201호, 202호에는 두 집에 총 다섯 명의 조합원이 살고 있다. 공유주택에 살기 전까지는 혼자 장을 보고,

혼자 밥을 먹었다. 방만 옮겼을 뿐인데, 일상이 달라졌다. 혼자 살 때는 느끼지 못했던 '안정감'이 느껴졌단다. 그 대표적인 게 열린 식탁이다.

'열린 식탁'은 한 달에 한 번 정도 열리는 입주자 전체회의인데, 입주자들뿐만 아니라 주변 친구들도 초대해 새로운 관계 형성을 촉진하는 자리다. 청년 커뮤니티를 형성해 개개인의 집이 아닌, 새로운 공동체 문화로 발전할 수 있는 계기를 마련하는 것이다.

이와 더불어 입주자나 조합원들이 재능을 서로 나누기도 한다. 달팽이집 1호에선 우쿨렐레를 연주할 수 있는 세입자와 재봉틀을 이용해 직접 옷을 만드는 취미를 가진 세입자가 진행하는 음악교실과 홈소잉 교실이 열린다.

협동조합이 갖는 사회적 가치와 입주자와의 논의를 통한 결정 방법은 물리적인 안정감을 주기도 한다. 건물주와 발생할 수 있는 문제는 협동조합이 입주민들의 이해를 반영해 처리한다. 적어도 이곳에 사는 동안은 집주인과 직접적으로 대면할 일이 거의 없다. 혼자 살 때 경험했던 집주인의 횡포 따위 잠시 잊어도 좋다.

함께 살아가며 느끼는 진정한 주거안정

내 집 같은 안정감, 협동조합이기에 가능한 일이다. 이 안에서 상근활동가와 조합원들이 서로 챙기고 도와준다. 달팽이집 1호 이

혜빈(30) 씨는 "혼자 자취할 때는 너무 외로워서 집에 있고 싶지 않았다"라며 "때문에 약속이 많았는데, 달팽이집에 들어온 이후로는 가족이 생긴 것 같아 더 이상 집에서도 외롭지 않다"라고 말했다.

물론 공유주택의 가치를 서로 잘 이해하지 못하면서 생기는 애로사항도 있다. 입주자 임소라(30) 씨는 "입주 초기에는 공유공간이나, 공용물건에 대한 이해가 부족했다"라며 "냉장고에 있는 우유를 하나 먹을 때도 관계가 안정되기 전에는 서로 불편하고 눈치 보는 경우도 있었다"라며 입주자들 간에 열린 마음을 갖는 게 중요하다고 강조했다.

높은 월세 때문에, 외로움 때문에, 공유주택이라는 새로운 방식의 주거형태를 경험해 보고 싶어서 등 청년들이 달팽이집을 찾은 이유는 다양하다. 2호 입주를 앞두고 지난 10월 28일 열린 설명회에 참가한 예비 입주자들의 생각도 비슷했다.

김미정(24) 씨는 "아직 우리나라에서는 익숙하지 않는 삶의 형태라 두렵기도 하다. 하지만 새로운 가치를 실현하고 문화를 만들 수 있을 것 같아서 기대된다"라고 말했다. 김강(26) 씨 역시 "처음에는 월세가 싸다고 해서 찾아왔는데, 함께 할 수 있어서 더 좋아요"라고 밝혔다.

공유주택은 혼자 사는 '방'이 아니다. 서로 다른 청년들이 함께 살아가는 '집'이다. 이들이 함께 살아가는 과정을 통하여 '공유'와 '공동체'에 대해 느끼고 배우고 있다. 혼자 살기도 힘든 세상, '함께' 살아가며 외로움을 극복하는 청년들이 있는 곳, 공유주택에는 청년들의 '도전'이 있다.

ⓒ 조현준, 「월세로 전전긍긍, 여기 오니 달라졌다」, 〈오마이뉴스〉, 2014.11.21.

작가 소개

조현준

학창시절, 우연히 용산참사 뉴스를 보고 무언가 잘못되었다고 생각했다. 도시와 주택문제에 관심을 가지게 되었고, 청년주거문제를 다루는 비영리 조직인 민달팽이유니온에서 사무처장으로 활동하였다. 또 빈민운동으로 시작해 도시문제와 주거문제를 다루는 민간연구기관인 한국도시연구소에서 주거문제를 다루는 연구원으로 재직하기도 했다. 지금도 도시와 사람, 주거와 사람에 대해 고민하고 있다.

느낌들

평생 일해도 서울에 집 한 채 마련하기 힘든 사람들이 많다. 헌법에는 행복추구권이 보장되어 있지만 현실은 두 발 뻗고 누울 작은 방 하나 마련하기 힘들다. 민달팽이주택협동조합은 이런 고민을 '함께' 해결하고자 했다. 공동주거, 공동육아 등 '따로 또 같이' 살아가는 사람들의 이야기는 우리가 사는 세상에 대안을 제시한다. 민달팽이주택협동조합이 마련한 공유주택은 청년들을 위한 공간이지만 점차 늘어가는 1인 가구, 독거노인 등으로 확대해도 좋을 것 같다. 각자도생의 시대라고 하지만 뭉치면 또 다른 삶이 가능하다.

싸게 사고 빠르게 버린다

패스트 패션

이민정

오늘의 뉴스

2014년 1월 2일. 캄보디아 프놈펜에서 봉제 공장 노동자들의 시위가 일어났다. 시위 이유는 최저 임금을 인상해달라는 것. 캄보디아 봉제 노동자들의 최저임금은 월 80달러(한화 약 8만 원)이다. 정부에서는 95달러로 인상할 것을 제안했으나 노동자들은 160달러까지 인상하기를 바라고 있다. 열 명 이상의 노동자들, 함께 시위에 참여한 승려들이 부상을 당했으며 경찰에 체포되었다. 시위는 점점 격화되어 경찰과 군인은 총을 발포하기에 이르렀으며 약 일주일 뒤인 1월 10일에는 총상으로 인한 사망자만 다섯 명이 발생하기에 이르렀다.

캄보디아에는 한국의 의류 생산 업체도 40~50곳가량이 입주해 있다. 일각에서는 노동자들의 시위로 인해 한국에까지 경제적 타격이 일어날 것을 우려하고 있다. 반면 노동자와 승려들의 비폭력 시위를 무력으로 진압하는 일에 한국 공장들이 앞장섰다며 비판하는 목소리도 높아지고 있다.

패스트 패션 = 빠른 옷?

'패스트푸드'라는 말은 우리에게 참 친숙하지요? '빠르다'라는 뜻의 패스트fast와 '음식'이라는 뜻의 푸드food를 합친 말입니다.

패스트푸드의 장점은 다양합니다. 첫 번째, 그 이름처럼 빠릅니다. 재료를 미리 준비해두었다가 간단히 익히거나 데우기만 하면 조리가 끝나기 때문에 주문 후 몇 분 안에 먹을 수 있습니다. 두 번째로, 먹기에 번거롭지가 않습니다. 뭐든 제대로 차려 먹고 나면 설거지가 남게 마련이지요. 하지만 패스트푸드의 경우, 종이나 플라스틱으로 된 포장용기를 버리기만 하면 됩니다.

마지막, 가장 중요한 장점은? 가격이 싸다는 것입니다. 다 먹고 나면 배가 두둑이 불러오는 햄버거 세트도 몇천 원이면 먹을 수 있습니다. 편의점의 감초인 컵라면이나 삼각김밥 등은 천 원 안팎이면 먹을 수 있으니 '싸게 한 끼 때우기' 위해서는 정말 안성맞춤이 아닐 수 없지요.

사람들은 패스트푸드를 언제부터 먹기 시작했을까요? 고대 로마의 도시 사람들은 인술라insula라고 불리는 아파트 형 건물에서 살았다고 합니다. 여러 가구가 모여 살다 보니 이 건물 주변으로 와인에 담가 먹는 빵이나 채소 볶음, 소시지 등을 파는 행상들이 빈번하게 오갔습니다. 바쁜 도시인들에게 간단한 식사를 제공하는 패스트푸드의 시초인 셈입니다.

그런데 최근, 패스트푸드만큼 역사가 길지는 않지만 패스트푸드의 모든 장점을 꼭 닮은 또 다른 '패스트' 형제가 탄생했습니다. 이름하여 패스트 패션fast fashion!

패스트 패션이 등장한 지는 몇십 년이 채 되지 않았습니다. 우리나라에서는 최근에서야 그 열풍이 불고 있지요. 과연 패스트 패션이란 무엇일까요? 영단어를 그대로 풀면 '빠른 옷'이라는 뜻인데, 도대체 옷이 어떻게 빠르다는 걸까요?

우리는 주로 유행에 따라 옷을 고릅니다. 그런데 우리가 입고 있는 옷의 유행은 어디서 시작되는 걸까요?

우리가 몸에 걸치는 옷, 신발, 가방 등 대부분 패션 제품의 유행은 세계 4대 패션위크에서 시작됩니다. 이름 있는 디자이너들이 새로운 스타일을 선보이는 자리이지요. 프랑스 파리, 미국 뉴욕, 이탈리아 밀라노, 그리고 영국 런던에서는 1년에 한 번씩 일주일에 걸친 큰 패션쇼가 열립니다. 우리가 알고 있는 거의 모든 유명 디자이너들이 이 쇼에서 그들의 새로운 작품들을 선보이지요. 크리스찬 라크르와Christian Lacroix, 알렉산더 맥퀸Alexander McQueen, 마크 제이콥스Marc Jacobs 등 패션에 관심이 있는 친구라면 한 번쯤 들어보았을 법한 유명 디자이너들이 모두 참가합니다. 유명 디자이너의 패션쇼에는 수많은 기자들이 몰려와 사진을 찍고, 그 사진 속의 작품들이 각종 신문, 잡지, TV로 노출됩니다. 그중에서도 〈보그Vogue〉와 같은 글로벌 패션 잡지의 역할이 아주 크지요. 이런 과정을 거치며 자연스럽게 유행의 큰 방향이 정해집니다. 그해 패션위크에서 스키니 진을 많이 선보였다면, 매체를 통해 패션위크를 접한 소비자들도 스키니 진을 구매하고 싶어지는 것입니다.

"나는 패션쇼를 본 적이 없다"고 말할 사람들도 있을 겁니다. 하지만 백화점이나 각종 옷가게에서 옷을 만들고 파는 사람들은 대부분 패션위크를 참고해서 옷을 만들고 판매합니다. 때문에 패션쇼를 직접 보지 않은 사람들도 옷을 고르다 보면 자연스럽게 패션위크의 유행을 따라가게 되는 것입니다.

한 해의 패션위크가 끝나고 나면 의류 브랜드들이 할 일이 정해집니다. 유행 아이템이 될 옷과 신발 등을 디자인해 제품으로 만드는 일입니다.

그런데 이 과정에는 꽤 시간이 걸립니다. 패션위크에서 선보인 유행의 큰 틀을 참고해 소비자들의 동향을 파악하면서 제품을 디자인하고 생산하고 백화점과 같은 유통 업체에 전달하려면 최소 6개월 정도가 필요합니다.

소비자들은 최신 유행으로 등장한 옷을 빨리 입고 싶지만 물건을 만드는 쪽은 더디기만 하니 답답한 노릇입니다. 그런 패션계에 '이 과정을 좀 더 단축시킬 수는 없을까?'라는 생각을 한 사람이 나타났습니다. 바로 자라Zara[1]의 창업주, 아만시오 오르테가 Amancio Ortega 입니다.

패스트 패션의 탄생

아만시오 오르테가는 스페인 철도원의 아들로 태어났습니다. 서북쪽 바닷가 도시인 라 코루냐La Coruna에서 자랐는데 그의 집은 몹시 가난했다고 합니다. 가정부로 일하던 그의 어머니는 어느 날 동네 식료품점에 들러 혹시 외상을 줄 수 없는지 물어보았습니다. 식료품점의 사장은 어머니의 간청을 거절했습니다.

어린 아만시오는 어머니의 이런 초라한 모습을 고스란히 목격했습니다. 그리고 그 뒤 다시는 학교에 가지 않았습니다. 가족의 생계를 돕기 위해 공부를 포기하고 돈을 벌기로 결심한 것입니다. 그의 나이 겨우 열셋이었습니다.

---

[1] 영어 발음으로는 '자라(Zah-rah)'이고 스페인어로는 '타라(Tha-ra)'라고 읽습니다.

그의 첫 직장은 셔츠를 만들어 파는 작은 가게였습니다. 그는 잔심부름과 제품 배달을 하면서 의류 사업의 생리에 대해 조금씩 알아갔습니다. 그런데 일을 하다 보니 답답한 부분들이 보이기 시작했습니다. 그를 답답하게 만든 첫 번째 이유는 완성된 셔츠가 소비자의 손에 닿기까지 너무 많은 시간이 걸린다는 것이었습니다. 최신 유행은 시시각각 바뀌는데 가게에 걸린 옷들은 소비자들이 쳐다보지도 않는 구닥다리 스타일들뿐이었으니 가게가 잘될 리가 없었습니다.

둘째, 가격이 너무 비싸다는 것이었습니다. 그가 일하던 셔츠 가게는 스페인 대도시인 바르셀로나에서 생산된 옷감을 사용하고 있었는데, 바르셀로나에서 직접 가져오는 대신 몇 군데의 도매상을 거쳐 옷감을 사고 있었습니다. 도매상 하나를 거칠 때마다 옷감에는 도매상이 남기는 이윤이 붙었습니다. 그러니 셔츠 가게가 옷감을 받을 때쯤이면 옷감 가격은 원가의 몇 배로 뛰어 있었지요. 아만시오에게는 이것이 다 쓸데없는 낭비로 보였습니다.

세월이 흘러 1975년, 아만시오는 자신의 경험을 바탕으로 새로운 의류 사업을 시작했습니다. 자라의 문을 연 것입니다.

사실 처음 그가 점찍어놓은 이름은 따로 있었습니다. 영화로도 대히트를 친 유명 소설 『그리스인 조르바 Zorba the Greek』의 쾌활하고 낭만적인 주인공의 이름, '조르바'였지요. 간판까지 만들었습니다. 그랬더니 옆 골목 식당 주인이 득달같이 달려와 조르바라는 이름을 쓰지 말아 달라고 부탁했습니다. 알고 보니 그 식당의 이름도 조르바였던 것입니다.

아만시오는 고민에 빠졌습니다. 가게 이름이야 바꾼다고 해도 이미 만든 간판을 버리기가 아까웠습니다. 그는 짠돌이답게 간판에 쓰인 철자들을 재활용해서 이름을 새로 짓기로 했습니다. Zorba에서 Z와 r과 a를 가져오고 남겨진 b의 꼭지를 조금 떼어 o에 가져다 붙였더니 Zara라는 이름의 간판이 만들어졌습니다. 아라비아 말로 '따뜻한 빛'이라는 좋은 뜻도 있었습니다.

이런 사연을 뒤로하고 가게를 개업한 아만시오는 이전까지 의류업계에 없었던 새로운 시도를 했습니다. 최신 유행을 최대한 빨리 소비자에게 전달하기로 마음먹은 것입니다.

그러기 위해서 그는 가게 근처에 직접 공장을 차렸습니다. 그가 살던 라 코루냐는 항구도시였기에 남자들은 대부분 바다로 나갔고, 여자들은 소일거리나 하면서 남편을 기다리는 것이 일상이었습니다. 육지에 남아 있는 여자들을 고용해서 바느질 일감을 주자 가난한 어부의 부인들은 열정적으로 일했습니다. 아만시오가 유행할 만한 아이템을 점찍어 보여주면 공장 직원들은 빠른 속도로 제품을 만들어냈습니다. 최신 유행을 여러 유통 단계를 거치지 않고도 소비자들에게 전달할 수 있는 시스템을 만들어낸 것입니다.

아만시오는 가게와 소비자 사이의 유통 단계를 줄이고 또 줄였습니다. 현재 자라에서 제품이 기획되고 판매점에 진열되기까지 걸리는 시간은 고작 2~3주입니다. '빠른 패션'이라는 패션의 개념이 성립되기 시작한 것이 이때부터입니다.

아만시오의 또 다른 시도는 가격 낮추기였습니다. 아무리 최신 유행 제품을 빨리 내놓는다 해도 가격이 비싸다면 부자밖에 살 수 없을 테니까요. 그는 많은 사람이 부담 없이 살 수 있는 옷을 원했습니다.

그는 제품의 가격을 낮추기 위해 온갖 노력을 했습니다. 우선 줄일 수 있는 모든 유통 단계를 제거해 나갔습니다. 바르셀로나로 손수 트럭을 몰고 가 옷감 공장에서 직접 옷감을 들여왔습니다. 도매상을 거치지 않았기 때문에 훨씬 싼값에 옷감을 들여올 수 있었습니다. 제품의 가격은 그만큼 낮아졌습니다. 광고도 최소화했습니다. 유명인이 나오는 광고는 광고비가 많이 드니까요. 광고비가 높아지면 그 광고비를 충당하기 위해 제품의 값도 비싸지게 마련입니다. 광고 비용이 절약되니 제품 가격은 더 낮아졌습니다.

몇 주 전 패션쇼에 나온 옷을 단 몇 주만에, 그것도 싼값에 살 수 있다니? 사람들은 열광했습니다. 부자가 아닌 사람도 유명 디자이너의 작품에 견줄 만큼 빼어난 옷을 부담 없이 입을 수 있다는 소문이 널리 퍼졌습니다.

그 뒤로는 승승장구였습니다. 1975년 작은 항구도시에서 첫 번째 가게 문을 연 자라는 1989년에 100개의 매장을 가지게 되었고, 현재는 매장 수가 전 세계적으로 1,763개에 이르는 대형 의류업체가 되었습니다. 자라의 성공을 발판으로 아만시오는 새로운 브랜드들을 차례차례 개장했습니다. 이제 그는 계열사까지 합쳐 전 세계에 6,058개의 매장을 가지고 있습니다.

외상으로 생계를 이어야 했고 고등교육은 꿈도 꿀 수 없었던 소년은 지금 스페인의 최고 부자이자 세계에서 세 번째 가는 부자입니다. 그의 재산은 570억 달러, 우리 돈으로 60조 원을 상회하지요.

자라가 거둔 놀라운 성공은 세계의 이목을 집중시키기에 충분했고, 자라를 모델로 삼은 브랜드들이 패스트 패션의 세계로 진출했습니다. 미국의 갭GAP, 포에버트웬티원Forever21, 영국의 탑샵Topshop, 스웨덴의 에이치앤엠H&M, 일본의 유니클로Uniqlo, 호주의 밸리걸Valleygirl 등이 현재 최신 유행 패션을 전 세계 소비자들에게 빠르게, 그리고 싸게 공급하는 패스트 패션의 선두주자들입니다.

가장 밝은 빛은 가장 어두운 그림자를 만들어낸다

위의 제목은 『얼음과 불의 노래』라는 소설로 유명한 조지 마틴George R. R. Martin이라는 작가의 말입니다. 현재 패스트 패션은 끊임없이 성장하며 들판에 번지는 불처럼 밝게 타오르고 있습니다. 그러나 불꽃 아래에는 지독하게 어두운 그림자가 드리우고 있지요. 그렇다면 그 그림자 아래에서 신음하고 있는 사람은 누구일까요?

패스트 패션의 그림자 하나 : 창작물을 도둑맞는 사람들

첫 번째 피해자는 창작의 노고를 빼앗기는 디자이너들입니다. 열 마디 말보다 한 장의 사진을 보는 것이 더 효과적일 때가 있으니 51쪽의 사진을 보도록 합시다. 1번 사진의 왼쪽은 유명 디자이너 안나수이 Anna Sui 가 2007년 패션쇼에서 선보인 원피스이고, 오른쪽은 미국 패스트 패션 거대 기업인 포에버트웬티원이 판매하기 시작한 짧은 소매 티셔츠입니다.

창작이란 열정과 재능이라는 묘목에 시간과 노력이라는 거름을 뿌려야만 얻을 수 있는 귀한 열매입니다. 그것을 도둑맞는 것은 창작자로서 허탈한 일일 수밖에 없지요. 안나 수이가 포에버트웬티 원을 지적 재산권 침해로 고발한 이유입니다.

사진을 한 장 더 보겠습니다. 2번 사진의 왼쪽은 다이앤 본 퍼스텐버그 Diane Von Furstenberg 가 디자인한 원피스이고, 오른쪽은 포에버트웬티원의 원피스입니다. 사진만 놓고 본다면 누가 누구의 것을 베낀 것인지 판단할 수 없을 만큼 비슷합니다. 다이앤 본 퍼스텐버그 역시 포에버트웬티원을 고발했지요.

크고 작은 지적 재산권 침해로 포에버트웬티원은 50번이 넘게

① 안나수이가 2007년 패션쇼에서 선보인 드레스(좌), 안나수이의 드레스를 빼닮은 포에버 트웬티 원의 제품(우)

② 다이앤 본 퍼스텐 버그의 원피스(좌), 포에버트웬티원의 원피스(우)

고발당했습니다. 그래도 도용을 그치지 않는 이유는 디자인을 도용해서 얻는 이익이 고발로 인해 내는 벌금보다 훨씬 크기 때문입니다.

디자이너의 작품을 참고하는 선을 넘어 통째로 베끼는 일이 패스트 패션의 세계에서 왕왕 발생합니다. 최신 유행을 무조건 빨리 제품으로 만들려고 하다 보니 디자인을 고민하고 창작하는 데 긴 시간을 들일 수 없기 때문입니다. 고발당한 업체는 '하청 업체의 잘못', '느낌이 비슷할 뿐 베낀 것은 아니다'라는 식의 말로 논란을 가라앉히려고 하지요.

패스트 패션의 그림자 둘 : 환경

두 번째 피해자는 우리를 둘러싼 '환경'입니다. 케임브리지대학교 연구 보고서에 따르면 영국 소비자들은 연평균 약 30킬로그램의 옷과 직물을 쓰레기 매립장에 버린다고 합니다.[2] 헌것을 버린 다음에는 새것을 사게 마련이니, 사람들은 최소한 버리는 만큼의 새 옷과 새 직물을 사들인다고 짐작할 수 있습니다.

시중에 판매되는 티셔츠의 무게는 150그램에서 200그램 사이입니다. 평균 175그램이라고 생각했을 때, 30킬로그램은 티셔츠

---

[2] 이 계산은 오직 영국의 자료에 근거한 단순계산이므로 대표성을 가지지는 않습니다. 의류 소비와 폐기량은 다양한 변수의 영향을 받습니다. 소득 수준, 생활 방식, 재활용 여부, 패션 몰입도 등이 그 예이며 기후 또한 중요한 변수입니다. 사계절이 있는 나라와 1년 내내 여름인 나라의 의류 소비량에는 차이가 있다는 것도 감안해야 합니다.

약 171벌의 무게입니다. 값싸게 공급되는 패스트 패션이 인기를 얻을수록 더 많은 옷이 소비되고, 더 많은 옷이 버려지게 됩니다. 자원의 낭비와 환경에 미치는 악영향이 걱정되는 부분입니다.

패스트 패션의 그림자 셋 : 사람

마지막, 가장 극심한 피해를 입고 있다고 해도 과언이 아닌 피해자는 직접 옷을 만드는 공장 노동자들입니다. 패스트 패션은 제품의 가격을 최대한 낮추어 빨리, 많이 판매하는 데 목표를 두고 있습니다. 패스트 패션 기업들 사이에서도 경쟁이 치열해지면서 원가를 줄이기 위한 노력은 점점 거세지고 있습니다.

그렇기 때문에 패스트 패션 기업들은 방글라데시나 베트남, 인도 같은 나라에서 옷을 만듭니다. 굳이 본사에서 먼 외국에서 옷을 만드는 이유가 뭐냐고요? 방글라데시의 비숙련 봉제 노동자가 받는 임금은 시간당 160원에 불과하기 때문입니다. 열 시간씩 30일을 꼬박 일해도 5만 원을 채 받을 수가 없는 수준이지요. 기업 입장에서는 옷을 만드는 데 드는 인건비가 줄어드는 만큼 옷값을 내릴 수 있습니다.

옷이나 신발을 만드는 일에는 특히 어린 소년 소녀들이 많이 고용됩니다. 소년 소녀들의 손재주가 어른들보다 특별히 좋기 때문일까요? 아닙니다. 어른보다 적은 돈을 주고 더 많은 일을 시킬 수 있기 때문입니다. 어린 노동자들은 어른 고용주가 부당한 대우를 해도 섣불리 저항하지 못하고 그렇기 때문에 더 힘든 일, 더 많은 일을 시키기가 쉽습니다.

그러다 보니 인권 침해가 빈번하게 발생합니다. 2007년, 인도에 위치한 '갭'의 봉제 하청 공장에서는 열두 살 남짓의 아이들이 일을 하다가 발각되었습니다. 새벽부터 밤까지 최소 열여섯 시간을 재봉틀에 붙어 앉아서 말입니다.

그렇게 일하면 얼마를 받을까요? 놀랍게도 월급은 한 푼도 없었다고 합니다. 공장 관리자들은 아프고 힘들어 우는 아이를 고무 파이프로 때리거나 아이의 입에 걸레를 물려 울음을 그치게 했다고 합니다. 이 사건이 보도되면서 갭은 인도 공장에 하청을 주는 것을 그만두었습니다. 하지만 갭은 캄보디아에서도 어린이들에게 과중한 일을 시키다가 발각된 적이 있습니다. 하청 공장만 옮기면 또 언제든 사람들의 눈을 피해 노동력을 착취할 수 있는 것입니다.

이런 사례들은 셀 수 없이 많습니다. 여성 노동자들에게 강제로 피임약을 먹이기도 했습니다. 아이를 낳으면 몸조리를 하는 동안 일을 할 수 없기 때문입니다. 화장실 문을 잠가놓기도 합니다. 용변 보는 시간도 아껴 일하라는 놀라운 배려(?)입니다.

염색약이나 표백제 같은 독성이 강한 화학 약품도 맨손으로 다루어야 했습니다. 장갑 같은 단순한 안전 도구조차 지급되지 않는 경우가 빈번하다고 합니다.

지금 이야기하고 있는 일은 몇십 년 전에 일어났던 과거의 일이 아닙니다. 온두라스, 베트남, 방글라데시, 우즈베키스탄, 인도, 중국 등등 이름을 열거할 수 없을 만큼 많은 저개발 국가에서 현재 진행형으로 벌어지고 있는 일들입니다.

🕯 라나플라자의 비극

방글라데시에 라나플라자라는 건물이 있습니다. 아니, 있었습니다. 은행과 상점, 그리고 패스트 패션 제품을 생산하는 봉제 공장 다섯 업체가 입주한 건물이었습니다. 어느 날 라나플라자에서 안전 검사가 이루어졌고, 빌딩 전체에 금이 가 있다는 것을 알게 되었습니다. 사람들은 모두 대피했습니다. 은행과 상점의 직원들은 출근도 하지 않았지요.

하지만 봉제 공장에 다니던 직원들은 불안감을 억누르며 출근해야만 했습니다. 일하러 나오지 않으면 한 달 치 월급을 깎아버리겠다는 협박을 이길 수 없었기 때문입니다.

이미 금이 간 건물 안에서 기계들이 굉음을 울리며 돌아가기 시작했습니다. 어떻게 되었을까요? 금이 투둑투둑 벌어지기 시작하더니 급기야 건물이 무너져 내렸습니다. 재봉틀을 돌려 생계를 잇던 노동자들의 머리 위로……. 2013년 4월 24일, 라나플라자

붕괴 사고로 2,500명이 부상당했고, 1,129명이 사망했습니다.

일부 비싼 명품을 제외하면 의류 제조 산업은 부가가치가 그다지 높지 않습니다. 부가가치란 생산 과정에서 새롭게 부가되는 가치라는 뜻으로, 부가가치가 높지 않다는 것은 원재료에 노동력을 투자해서 만들어낸 최종 제품의 가격이 그다지 높지 않다는 뜻입니다. 의류의 경우 원단이 옷으로 변하는 과정에서 사람의 손이 많이 가는데도 불구하고 제품의 가격은 그다지 높지 않습니다. 한마디로 '저부가가치 산업'이라고 할 수 있습니다. 고부가가치 산업의 사례로는 시계, 특히 스위스의 시계 제조업을 들 수 있습니다. 몇만 원 정도 하는 스테인리스 스틸 재료에 고도의 기술과 숙련된 노동력을 투입하여 몇억 원을 호가하는 완성품을 만들어내니까요.

부가가치가 낮은 만큼 의류 제조 산업은 노동자들의 복지에 많은 돈을 투자하지 않습니다. 따라서 위에 열거한 사례들이 온전히 패스트 패션 열풍의 결과라고만은 할 수 없습니다. 하지만 우려가 드는 것은 가격 경쟁과 빠른 속도에만 집착하다 보면 노동자들의 노동환경 개선에는 점점 더 인색해질 수밖에 없기 때문입니다.

ⓒ 이민정, 『옷장에서 나온 인문학』, 들녘, 2014.

작가 소개

이민정

옷, 옷을 입는 사람, 그리고 사회 사이의 관계에 대해 연구 중이다. 건국대학교 의상학과를 졸업하고 같은 학교 대학원에서 패션 마케팅을 공부했다. 미국 아이오와 주립대학교에서 의류직물 박사학위를 취득하고 교육학도 함께 공부했다. 패션 잡지 에디터로 일했던 경험을 바탕으로 옷과 사람에 대한 이야기를 재미있게 풀어내기 위해 노력하고 있다. 쓴 책으로 『옷 입은 사람 이야기』, 『옷장에서 나온 인문학』, 『코르셋과 고래뼈』 등이 있다.

느낌들

KTX 덕분에 도시 간 이동 시간이 현저하게 줄었다. 이제 서울에서 웬만한 도시는 1일 생활권 범주에 들어간다. 하지만 과거에 기차를 타면 볼 수 있었던 창 밖의 풍경은 빠르게 달리는 KTX 안에서는 감상할 수가 없다. 다양한 옷과 소품을 저렴하게 제공하는 SPA 브랜드는 소비자의 선택의 폭을 넓혔다. 그러나 그 이면에 존재하는 불공정한 경쟁과 아동노동 착취, 저개발도상국 노동자의 희생 등은 달리는 KTX 창밖의 뭉개진 풍경처럼 잘 보이지 않는다. 속도와 저렴한 가격 등에 대한 집착이 우리의 눈을 가리고 정작 보아야 할 것들을 보지 못하게 한 것은 아닐까.

유니폼 사려고 밤새워 본 적 있어?

양정민

5월 중순의 야밤, 수원월드컵경기장 앞에 텐트 여러 동이 쳐졌다. 많은 축구 덕후들이 밤새울 준비를 하고 모여들었다. 수원블루윙즈의 '한정판' 유니폼 때문이다.

비용과 편익, 기회비용, 합리적 소비, 뭐 이런 것들. 나도 다 배웠다. 하지만 '한정판' 세 글자는 덕후의 두뇌 회로에 두꺼비집 스위치를 내려버리는 강력한 힘이 있었다.

시작은 이랬다. 프로축구 팀 수원블루윙즈는 창단 20주년을 맞아 원년 유니폼을 재현한 '레트로 유니폼'을 출시했다. 김호 초대

감독과 서정원 현 감독, 박건하 코치, 고종수 코치, 곽희주 플레잉 코치, 그리고 수원 유소년팀 매탄고 출신의 권창훈 선수까지 홍보 포스터에 모습을 드러냈다. '영광의 얼굴들'이 모이자 반응은 뜨거웠다. "어머, 이건 사야 해!" 그래, 여기까지는 얼마나 훈훈하냐고. 창단 연도에 맞춰 유니폼을 딱 1995장만 만든 게 화근이었다.

5월 8일 오후 4시. 인터넷 판매가 시작된 지 3분 만에 500여 장이 동이 났다. 수원 팬은 물론 유니폼 수집가까지 가세해서 '화력'이 두 배가 됐다. 부랴부랴 500여 장을 추가로 판매했으나 이 역시 채 30분도 안 돼 품절됐다. '이선좌'(이미 선택된 좌석입니다)를 공연 예매가 아닌 축구용품에서 당할 줄이야! 클릭이 늦어서, 결제 오류 때문에 유니폼 몇 장을 눈앞에서 날리고 나니 바짝 약이 올랐다. 이렇게 된 이상 현장 판매로 간다!

이런 밤샘도 있는 것이다

5월 16일 홈경기 날. 오전 10시부터 판매가 시작된다고 했다. 첫차를 타고 아침 7시쯤 수원에 도착할 계획이었다. 하지만 전날 밤 '알싸'(다음 카페 아이러브사커)에 '빅버드'(수원 월드컵경기장의 애칭) 앞에 한 팬이 텐트를 치고 있는 사진이 올라왔다. 아뿔싸. '축덕'들을 우습게 봤구나. "제 친구도 지금 가는 중이래요", "집 앞인데 저도 나가봐야겠네요"라는 글을 보자 잠이 확 달아났다. 수원으로 가는 막차에 바로 몸을 실었다.

새벽 1시쯤 도착해보니 이미 문제의 텐트를 필두로 돗자리, 야전침낭, 낚시의자가 줄지어 있었다. 뜻밖의 열기에 구단 직원들도 철야에 나섰다. 밤샘하는 팬들을 위해 불을 밝혀주고 생수, 컵라면, 커피, 녹차가 공수됐다. 세상에는 경비 아저씨의 등쌀을 피해 지하 주차장으로 숨어들지 않아도 되는 이런 밤샘도 있는 것이다.

5월이라도 새벽은 쌀쌀하기 마련. 집에서 가져온 점퍼와 담요(당연하지만 슬프게도 전부 구단 엠블럼이 박혀 있었다. 호갱이 괜히 호갱인가)에 파묻혀 "30주년 때는 우리 제발 여기서 만나지 맙시다"를 다짐하다 보니 동이 터오기 시작했다. 누군가가 "왜 그렇게까지 애를 써서 유니폼을 산단 말이오? 그 유니폼으로 무엇을 하려오?" 하고 묻는다면 나는 이렇게 답할 수밖에 없다. "그저 이 유니폼 한 장이 가지고 싶었습니다." 나이키 운동화를, 〈디아블로 3〉를 기다리는 마음이 이런 거였구나. 제발 제 돈을 가져가 주세요!

🔥 넌 아직도 이게 '그저 유니폼 한 장'으로 보이니?

아침 9시, 대기 인원이 300명을 넘기자 구단은 예정보다 한 시간 앞당겨 유니폼 판매를 시작했다. 8시간여 만에 고대하던 유니폼을 손에 쥐고, 다시 20주년 기념 한정 포스터를 사러 가면서 친구에게 카톡을 보냈다. "구단은 왜 자꾸 이런 걸 하는 걸까." "너 같은 호갱들이 있으니까." 우문현답.

이날은 선수들도 레트로 유니폼을 입고 경기에 나섰다. 득점 직후와 경기 종료 후, 선수들은 박건하 코치의 현역 시절 전매특허인 '옷깃 세리머니'를 재현하며 존경을 표했다. 하프타임에는 김호 초대감독이 레트로 유니폼을 입고 구단과 동갑내기인 1995년생 팬들에게 푸른색 장미를 선물했다. 그러니까 사실 이 레트로 유니폼은 '그저 유니폼 한 장'일 수만은 없다. 오늘 선수들이 왜 평소와 다른 유니폼을 입었는지, 옷깃 세리머니는 무슨 의미인지, 하프타임에 나온 흰머리 할아버지가 누구인지 묻는 이들에게 답하며 내 팀의 빛나는 20년 역사를 반추할 수 있는 '얘깃거리'를 제공해준 셈이다.

한 팀을 응원한다는 의미는 그저 선수의 기량에 열광하는 일로만 그치지 않을 것이다. 팬과 팀이 함께 역사를 만들어간다는 유대감 때문에 우리는 엉망인 경기를 본 뒤에도 다음 경기에 속절없이 경기장으로 발길을 향하는 게 아닐까. K리그 사상 유례없는 '단체 캠핑' 현장도 역사 한편에 기록되겠지. 그래서 말인데, 2차 현장 판매가 언제라고요? 1인 1벌 한정은 정말 너무했다. 한 벌 더 쟁이러 가야겠다.

ⓒ 양정민, 「유니폼 사려고 밤새워 본 적 있어?」, 〈시사IN〉, 2015.6.3.

작가 소개

양정민

13년째 '그깟 공놀이'는 마음만 먹으면 언제든 끊는다고 말하고 다닌 나머지 이제는 아무도 귀담아 들어주지 않는 사람. 현재 시사주간지 〈시사IN〉의 '불편할 준비' 코너에서 페미니즘에 관한 글을 쓰고 있다.

느낌들

몇해 전 만화책 『슬램덩크』가 주간 만화잡지에 연재했던 당시 단행본 디자인을 살린 오리지널판으로 재발행되었다. 내게는 인생만화의 반열에 올려진 작품이었기에 "어머, 이건 사야해!"를 읊조리며 홀린 듯 구입했다. 차마 구겨질까 펴보지도 못하고 책꽂이에 모셔두곤 흐뭇해하는 나를 보며 부모님은 또 '비싼 쓰레기' 사 모은다고 혀를 끌끌 차셨지만, 괜찮았다. SNS에 같은 책의 인증샷을 올린 동지들과 댓글로 '득템'에 대한 소회를 나누며 잡지 부록과 같은 즐거움을 누렸기에. 유니폼, 만화책, 옷, 때론 과자까지… 요즘 다양한 한정판 굿즈들의 향연으로 사는 재미가 늘었다. 가벼워진 지갑과 텅 빈 월급 통장은 거들 뿐.

채식, 세상을 바꿀 수 있는 힘

달군

💧 살기 위해서 육식을 거부한다

살기 위해선 뭔가 먹어야만 하죠. 결국 먹는 문제는 '사는 것'에 관한 문제가 아닐까 생각합니다. 하지만 먹는 것은 너무나 일상적이고 보편적인 문제라서 중요성에 비해 그것 자체를 문제 삼거나 하지는 않게 되는 것 같아요. 모든 일상적인 것들이 그러하듯이.

1년 전에 채식을 시작했습니다. 1년 전에는 육식에 경도된 지배문화와 구조로 인해 발생하는 문제들에 대해서 조금씩 알게 되면서 채식을 한번 시도해 보면 어떨까 생각하면서도, 채식을 하는 것이 문제의 해결책이 되는 것일까 의심스러웠습니다. 고기를 먹지 않는다는 것이 과연 저 거대한 (축산)자본에 어떤 공격이 되는 걸까? 무엇보다, 어떤 이들은 선택할 음식조차 없어 고통받고 있고, 또 어떤 이들은 경제적인 이유로 선택권이 없는 세상인데 내가 무엇을 먹을 것인가를 생각하는 것이 맞는 걸까? 그렇지만 생활 속에서 실천해 나가는 것들의 힘을 믿었기에, 우리에겐 일상의 전복이 너무나 필요하다고 생각했기에 일단 시작해 보기로 마음먹었습니다.

밥상머리 커밍아웃

처음에는 채식을 한다는 것을 밝히기가 너무나 어려웠습니다. 아마도 스스로가 채식이라는 실천 방법에 대해서 의구심을 많이 가지고 있던 때라서 더욱 그랬겠지만, 하루 세 끼 먹는 시간마다 '나는 무엇을 먹는 것을 거부한다'고 '선언'하는 것은 함께 밥 먹는 사람들을 긴장시키는 일이었기 때문입니다. 밥 먹을 때마다 자신이 소수자임을 인식하는 것도 힘들지만, 내 존재 자체로 사람들이 불편함을 느끼고, 나 자체가 그들에게 정치적 공격이 되는 것을 보고 있는 게 힘들었습니다. 나는 한동안 그것을 피해 혼자 먹기도 했고, 또 사람들과 밥 먹다 말고 뾰족하게 설전을 벌이기도 했습니다. 그리고 서로 상처받았지요. 나는 그들의 '배려'도 불편해지기 시작했습니다. 당연하고 자연스러운 것이 아니라 소수자라는 이유로 밥 먹을 때마다 타인의 배려와 용인이 있어야 하다니, 하면서 억울해했습니다. 그러다 이러려고 시작한 게 아닌데, 삶을 바꾸고 세상을 바꾸는 하나의 실천이라면 다른 사람들과 이야기하고 토론할 수 있어야 하고 자연스럽게 동참할 수 있는 것이 되어야 하지 않을까 생각했습니다. 그래서 내가 채식을 하는 이유들을 좀 더 생각해 보기로 했습니다.

🌱 육식을 하지 않는 이유들

미래의 '고기'를 키우기 위한 땅을 만들려고 열대 우림을 파괴하지 않게 하기 위해, 대규모의 농장을 만들려고 원래 살고 있던 그 땅의 주인들을 몰아내거나 말살시키거나 착취하지 않게 하기 위해, 지하수를 있는 대로 끌어올려 (죽여서 먹을) 동물을 먹이는 데 사용하지 않게 하기 위해, 또 '고기'를 생산할 동물들을 먹이려고 곡물을 대량 생산하지 않게 하기 위해, 그로 인해 가난한 사람들이 먹을 곡물을 생산하지 못하게 되는 일을 막기 위해서 육식을 거부합니다. 육식은 지구 생태계의 종 다양성에서부터 문화 다양성까지 말살하기 때문에 거부합니다. 그리고 '암컷'을 보호하기 위해서 육식을 거부합니다. 육식지배 사회에서 동물의 암컷들은 죽임을 당해 고기가 되는 것은 물론 고기를 재생산하는 능력으로 인해 착취당하며, 그 재생산 능력으로 인해 평생 대리 유모 역할을 해야 합니다. 이것은 이 가부장제 사회 안에서 인간 '암컷'들에게도 해당하는 아주 익숙한 이야기이죠. 나는 여성이 재생산 능력을 가졌다는 이유만으로 얼마나 억압받고 있는지 잘 알고 있습니다. 그러니 당연하게도 먹는 것은 자본주의뿐 아니라 가부장제와도 밀접한 관계가 있습니다. 또한 인간이 다른 인간을 착취하는 것에 반대하기에, 인간이 '비인간'인 것들을 모두 인간을 위해 존재하는 것으로 받아들이는 삶의 방식도 반대합니다.

세계 최고의 적 "귀찮다"를 조금씩 극복할 수 있어

또한 채식을 한다는 것은 '귀차니즘'을 극복하는 것이라는 사실을 발견하게 되었습니다. 아침마다 도시락을 싸오면 식사시간에 사람들이 묻습니다. "귀찮지 않아요?" 야참으로 라면을 끓여 먹지 않고 국수를 삶고 있으면 엄마가 묻습니다. "귀찮지도 않냐?" 누군가 과자를 권했을 때도 일단 성분 표시를 자세히 보고 있으면 같은 질문이 날아오지요. 그런데 어느 날 깨닫고 보니 나는 전혀 귀찮아하지 않고 있었습니다. 오히려 스스로 먹을거리를 만들고, 그런 기술을 익히는 것이 너무 즐거웠습니다. 우리가 편리하고 쉽게 살기 위해서 얼마나 많은 것을 파괴하고, 대가를 치르고 있는지 알게 되었습니다.

채식은 나를 자립적이게 합니다. 무엇을 어떻게 먹고 있는가를 매일 성찰하는 것은 일상을 바꾸는 정치이자, 세상을 바꿀 수 있는 힘이 있는 실천 방법이라고 생각합니다. 그래서 채식을 합니다.

PS. 글 곳곳에 채식과 육식 거부를 섞어서 썼습니다. 채식은 식물만 먹겠다는 의미보다는 육식을 하지 않겠다는 의미에서 하는 것이니까요. 즉 고기만 아니라면 채소, 곡물 등을 먹는 것은 아무런 문제가 없다고 생각하지는 않습니다. 무엇을, 어떻게 먹을까가 문제인 거죠. 지금은 일단 육식을 거부하고 있지만, 채식을 하는 것에 대해서도 단지 동물을 먹지 않는 것으로 그치는 게 아니라 내가 먹는 것을 어떻게 생산할 것인가, 그리고 자본주의하에서 대량생산되는 곡물 등의 문제는 어떻게 해결할 것인가를 고민해 나가야 한다고 생각합니다.

ⓒ 달군, 「**채식, 세상을 바꿀 수 있는 힘**」(기획연재-내 삶의 불복종 ⑦ 육식을 거부한다),
〈인권오름〉 제41호, 2007.2.13.

작가 소개

달군

2006년 시작해 이제 12년차 비육식 중이다. 채식에 대한 생각이 농사로, 자립으로 이어졌다. 진보네트워크센터에서 기술활동가로 활동하다 2010년 사대강 개발에 맞서 두물머리 농지를 지키는 활동을 하며 두물머리밭전위원회 친구들과 농사를 지었다. 현재까지 두물머리 근처에 이주하여 농사도 짓고, 그림도 그리며 자립과 협동 생활을 해나가려 노력 중이다.

느낌들

동물이 동물을 사냥하고 잡아먹는 행위는 야만스럽고 폭력적으로 보일지라도 원초적인 생존본능에 의한 것이다. 그러나 인간은 최소한의 생존을 위해서만이 아니라, 단지 맛의 쾌락을 추구하기 위해 다른 생명을 취하기도 한다. 채식은 육식을 거부하는 뺄셈의 저항이 아니라, 우리가 먹거리를 취하는 방식에 반성적 사고를 더하는 능동적 거부다. 우리는 무언가를 의식적으로 거부하면서 살아가고 있는 사람들의 이야기를 통해 무엇이든 자동적으로 받아들이면서 순종하고 있는 무기력한 자신을 발견하게 된다.

태평양의 '콜라 식민지'

구정은

라나(53세)는 초콜릿부터 먹으라고 권했다. 집 앞에서는 두 살에서 네 살 정도로 보이는 어린아이 예닐곱 명이 나무 탁자 위에 올라앉아 초콜릿과 사탕을 먹고 있었다. 무더위 때문에 초콜릿과 사탕은 녹아내렸고, 아이들 입가와 손에는 까맣고 빨간 단물이 묻어 있었다. 난민캠프에서 경비원으로 일하는 라나의 아이들이 호주를 다녀오는 길에 초콜릿과 사탕을 잔뜩 사왔다. 라나의 손주들은 그걸 펼쳐놓고 작은 잔치를 벌이고 있었다.

2015년 7월 초 방문한 남태평양의 섬나라 나우루 주민들과의 첫 만남은 그렇게 초콜릿을 앞에 놓고 이뤄졌다. 나우루는 자기들

나우루 공화국 지도

만의 언어를 갖고 있지만 사실상 영어를 공용어로 쓰고 있는 섬나라다. 인산염을 수출해 먹고사는 이 나라는 19세기 말 잠시 독일의 통치를 받았고, 제1차 세계대전 때에는 호주의 식민지가 됐으며 제2차 세계대전 때 또다시 일본에 점령당했다. 전후 유엔 신탁통치를 거쳐 독립 국가가 된 것은 1968년이었다. 1999년 '세계에서 가장 작은 공화국'으로 유엔 회원국이 됐다. 적도 바로 아래에 있는 나우루는 넓이 21제곱킬로미터에 해안선이 30킬로미터에 불과한 작은 섬이다. 호주 브리즈번에서 비행기로 4시간 30분 거리에 있다. 인구는 2014년 7월 기준으로 9,500명이 조금 못 된다. 수도는 따로 없고 야렌 지역의 공항 활주로 앞 바닷가에 정부 청사와 의사당, 초등학교, 중학교, 경찰서, 소방서가 나란히 붙어 있다. 한때는 인산염 수출로 소득이 높았지만 지금은 쇠락해 재정의 상당 부분을 외부 원조에 의존한다. 산업이라고는 비료의 원료인 인산염 채굴과 소규모 코코넛 농장 정도가 전부다.

작은 섬이 보여주는 지구의 '우울한 미래'

이 작은 섬나라를 '지구의 밥상'을 돌아보는 출발점으로 삼은 것은, 우리가 먹거리를 두고 걱정하는 모든 것이 극단적인 형태로 나타나고 있는 곳이기 때문이다. 나우루 사람들은 뚱뚱하다. 물론 뚱뚱한 것은 죄가 아니다. 신진 대사량이 많은 사람도 있고, 적은 사람도 있다. 먹을 것을 즐기는 사람, 단것을 유독 좋아하는 사람도 있다. 그러나 한 지역 주민의 90퍼센트가 한두 세대 만에 비만과 과체중이 됐다면 그것은 사회의 구조적인 문제다.

나우루는 100년 가까이 인 광산을 파헤친 끝에 섬 전역이 황폐해졌다. 수산업은 외국에서 온 원양어선들에 넘어갔고, 정부는 외국 배들에 조업허가권을 팔아 수입을 얻는다. 소규모 농경과 채집, 어로를 하던 이 섬은 어느 날부터 정크푸드 천국이 되었다. 독립한 뒤 인스턴트 식품들이 쏟아져 들어오면서 작은 섬은 '콜라 식민지Coca-colanization'로 변했다. 외국산 식품의 쓰나미 속에 전통

먹거리 생산은 몽땅 경쟁력을 잃었다. 섬이라는 지리 조건이 큰 영향을 미친 것은 분명하다. 그런데 주민들은 고립된 반면 경제와 생활은 세계화의 물결에 휩쓸렸다. 정크푸드의 홍수, 바다 건너 어마어마한 거리를 옮겨다니는 식재료들, 토착 먹거리의 붕괴, 비만과 당뇨병. 세계 식량 체제의 '미래'가 나우루라면 지구는 어떻게 될까.

인산염을 실어 나르는 파이프와 항구 시설이 이어진 바닷가를 따라 걷다가 데니고모두에 있는 라나의 집에 들렀다. 초콜릿으로 배를 채운 아이들은 저녁 무렵 쏟아진 빗속에서 뛰어놀고 있었다. 라나의 가족들과 식사를 하고 싶었지만 '모두 함께하는 저녁'은 없다고 했다. 식구들 각자 아무 때나 내키는 대로 먹는다. 이유는 단순하다. 현대인의 식사 시간은 출퇴근과 등하교의 생활 리듬에 맞춰져 있다. 이곳에서는 그럴 필요가 없다. 2004년 미 중앙정보국CIA 통계에 따르면 이 나라의 실업률은 90퍼센트다.

라나의 가족은 아침에 눈뜨면 원하는 만큼 호주산이나 미국산 비스킷을 집어먹는다. 이날 오후 라나는 초콜릿을 먹은 뒤 손바닥만 한 호주산 햄 두 조각과 비스킷으로 요기를 했다. 라나는 스물여덟 살 된 딸 모키와 함께 집 1층의 작업실에서 재봉틀 두 대로 옷가지를 만들어 판다. 이곳에선 꽤 잘사는 편이지만 그의 집에는 제대로 된 부엌이 없다. 요리는 거의 하지 않고, 햄·비스킷과 콜라를 먹거나 가까운 중국 식당에서 밥을 사다가 통조림과 함께 먹는다. 아이들은 인도네시아산 컵라면을 가장 좋아한다.

모처럼 외국 손님이 왔다며 이날 라나는 오랜만에 직접 작업실 옆에서 저녁 식사 준비를 했다. 메뉴는 볶음밥과 닭고기 조림, 쇠고기양배춧국이었다. 쌀은 호주산이고 볶음밥에 들어간 다진 채소 역시 호주에서 수입된 냉동 '채소믹스'였다. 조려낸 닭도, 국에 들어 있는 쇠고기와 양배추도 모두 호주산이었다.

"내가 어렸을 때에는 가게에서 먹을 걸 사 먹지 않았지. 나트륨이나 아지노모토(일본산 조미료)도 없었어. 날마다 생선을 먹었어. 지금은 아침에 시리얼이나 비스킷을 먹고 점심에는 아무거나 먹는다."

건강은 당연히 나쁘다. 라나는 당뇨병 때문에 다리를 잘 쓰지 못했다. "계속 인스턴트 음식만 먹으면 당뇨병이 심해져서 나중엔 다리를 잘라내야 해. 하지만 여긴 전부가 당뇨병이야."

전통 식문화가 유지됐던 독립 이전에 나우루 사람들은 뚱뚱하지 않았다. 지금은 모두 '오버사이즈'다. 세계보건기구WHO 통계에 따르면 현재 나우루 인구의 94.5퍼센트는 비만·과체중이고 인구의 40퍼센트가 당뇨병을 앓고 있다. 인구의 절반 이상이 아이들인 걸 감안하면 성인들은 너나없이 당뇨병에 걸려 있다는 소리다. 실제로 곳곳에서 다리를 잘 쓰지 못하거나 휠체어를 탄 사람들을 볼 수 있다. 섬 여러 곳에 "당뇨병은 우리 모두의 일"이라 며 경고하는 벽화가 그려져 있다. 정부는 또 아이들이 운동할 수 있도록 트램펄린을 값싸게 공급해, 아이가 많은 집은 대개 마당에 트램펄린을 두고 있었다. 하지만 걷거나 운동하는 사람들은 찾아보기 힘들었다. 주변 섬나라들도 사정은 비슷하다. 마셜제도에서는 2008년 기준으로 5만3,000명의 인구 중 8,000명이 당뇨병을 앓고 있었다. 미크로네시아는 90.9퍼센트, 니우에는 81.7퍼센트, 통가는 80.4퍼센트가 비만 과체중이다. 미국령 사모아는 주민 네 명 중 세 명이 비만이다. 토켈라우는 성인 인구 중 비만이 63.4퍼센트, 키리바시는 50.6퍼센트다.

마트엔 냉동식품, 백사장엔 캔 조각

아이워의 슈퍼마켓에 갔다. 상품 진열대는 캔들이 점령하고 있었다. 사방이 바다인 섬에서 생선조차 모두 외국산을 먹는다. 꽁꽁 언 노르웨이산 고등어와 연어, 냉동 새우와 참치캔, 고등어캔. 아이워 지역의 카펠앤드파트너 CAPPELLE&PARTNER는 섬에서 가장 큰 마트다. 선반을 메운 것은 역시 가공식품들이었다. 세계에서 코카콜라 다음으로 많이 팔리는 음료라는 스위스 네슬레의 네스카페와 베트남산 G7 커피믹스, 캔 음료와 통조림들이 즐비했다. 이곳에는 비록 호주산이지만 가공하지 않은 양배추와 오이, 피망

등의 채소들이 있었다. 마트 바깥의 '패스트푸드' 간판이 붙은 곳에서는 호주산 고기 패티가 들어간 햄버거와 네슬레의 초콜릿 음료 마일로를 팔았다.

나우루에서 여섯 집 건너 한 집은 중국 식당이다. 가게와 식당은 중국인들이 도맡고 있다. 섬에 두 곳 있는 슈퍼마켓은 물론이고 동네 작은 가게들도 컵라면과 청량음료, 과자를 주로 팔았다. 중국인 가게에서는 커피믹스에 얼음을 넣어 플라스틱 컵에 담은 아이스커피를 팔기도 했다. 그러나 채소를 파는 가게는 없었다. 익히지 않은 채소는 이들의 식단에서 완전히 사라진 듯했다.

정크푸드는 사람들의 입맛만 점령한 게 아니었다. 수풀 속, 바닷가, 고원과 라군 주변 모두 쓰레기 천지였다. 탄산음료 캔과 맥주 캔, 비닐 포장재가 섬을 뒤덮고 있었다. 쓰레기 처리 시설도 없고 재활용도 없는 이 섬은 그렇게 쓰레기장이 돼버렸다. 기암괴석이 늘어선 바닷가 풍경은 근사했지만 좁은 백사장은 캔 조각과 쓰레기로 덮여 발을 디딜 수조차 없었다.

야렌에 있는 리사(53세)의 식당에서 라나와 함께 점심을 사 먹었다. 라나가 고른 메뉴는 쇠고기를 소금에 절여 만든 콘비프. 역시 재료는 호주산이다. 라나는 짜디짠 콘비프를 콜라 한 캔, 환타 한 캔과 함께 먹었다. 식당 주인 리사는 "오늘은 생선이 없다"고 했으나 생선이 언제 들어오는지는 말해주지 않았다.

"예전엔 다들 고기를 잡았는데 지금은 고기를 잡을 줄도 몰라. 외국 물건이 들어오지 않으면 아마 우린 먹을 게 아무것도 없을 거야."

리사와 라나 모두 기후변화 걱정을 많이 했다. 나우루는 11월부터 2월까지가 우기다. 하지만 요새는 우기가 아니어도 비가 쏟아지고, 주기적으로 가뭄이 온다.

"바닷물 온도가 올라가 고기도 잡히지 않아. 그리고 예전엔 없었던 플루(전염병)가 늘었어."

수도 시설은 거의 없다. 일본이 원조해준 물받이 통에 빗물을 받아쓰는 집이 많았다. 섬에 하나뿐인 담수화 시설도 아직 가동되고는 있으나 많이 낡았다.

오래된 먹거리 중 남아 있는 것은 코코넛 같은 과일 정도다. 섬 가운데에 부아다 고원이 있다. 가장 높은 곳이 해발 61미터에 불과한 평평한 고지대다. 그 안쪽에 라군(호수)이 있고 코코넛과 파파야 농장들이 있다. 라이널(50세)은 라군 옆에 판자를 덧댄 집에 산다. 코코넛과 파파야, 그리고 '아키마마'라 부르는 열대 과일을 따서 주민들에게 팔곤 한다.

라이널이 따다준 코코넛과 파파야는 맛있었다. 주민들은 이런 식물들로 약을 만들기도 한다. 라나의 남편 이오밥은 주민들이 보통 '포포'라 부르는 파파야의 잎을 달여 약을 만들었다. 파파야 달인 물을 먹으면 뱃속이 깨끗해지고, '노니Noni'라는 식물 이파리를 달여 먹으면 상처가 낫는다고 했다.

"노니는 우리가 오래전부터 약으로 쓰던 건데, 서양 사람들은 그걸 가져다가 팔아. 우리는 팔지 않아. 사람들을 돕는 데 쓸 뿐이지."

라나의 말이다.

공항 동쪽 아니바레 부근을 지나다가 '피시마켓FISH MARKET'이라 쓰인 건물을 봤다. 지은 지 얼마 되지 않은 듯 어시장 간판의 페인트칠이 선명했다. 일 없이 어슬렁거리던 청년에게 어시장은 언제 열리느냐고 물었다. "그런 건 없다"고 했다. 청년은 "아무도 생선을 팔지 않는데 정부가 여기에 왜 이런 건물을 지었는지 모르겠다"고 말했다. 배를 타고 나가 참치를 잡아다 파는 주민들도 있긴 하지만 대부분 집에 고기를 보관해두고 조금씩 잘라서 이웃에게 파는 정도다.

'바다의 감옥'에 갇힌 난민들만 채소를 키운다

언덕 위 식당에는 광둥廣東 성에서 온 중국인 주인과 젊은 점원이 손님을 기다리고 있었다. 닭고기 카레를 주문했다. 역시 얼렸다 녹인 채소믹스를 썼고, 조미료가 하도 많이 들어가 목이 칼칼할 정도였다. 이곳 식당의 풍경은 비슷비슷하다. 작은 주방에 탁자 몇 개가 있고, 주로 광둥 성 출신인 중국인 주인과 난민 점원이 서

빙을 한다. 메뉴는 모두 조미료와 나트륨이 들어간 볶음밥이나 국수다. 식당 앞에서 이란 출신 난민 메흐디와 친구들이 담배를 피우며 수다를 떨고 있다. 메흐디는 식당에서 일하며 푼돈을 번다. 두 사람 모두 식당에서 50미터 정도 떨어진 난민용 컨테이너 집에서 산다.

인산염 수출 외에 달리 소득이 없는 나우루는 호주로부터 원조를 받는다. 그 대신 호주는 이 나라에 난민들을 떠넘겼다. 작은 섬 복판에 난민 캠프를 만들고, 호주로 가고자 배에 몸을 실은 이란, 이라크, 팔레스타인 난민들을 가뒀다. 심사를 통과한 난민들은 캠프 바깥 컨테이너 집들로 거처를 옮기고 허드렛일을 하며 정착해 살아간다. 캠프에 아직 머무르고 있는 난민이 약 1,700명, 밖으로 나간 난민은 줄잡아 수천 명이다.

캠프를 벗어난 사람들은 '자유 난민'이라 불리지만 그들의 자유는 섬에 한정되어 있다. 넘을 수 있는 국경도, 빠져나갈 배도 없는 이 섬은 버림받은 난민들을 가둬두는 천혜의 감옥이자 '세상의 끝'이다. 이라크에 살던 팔레스타인인 하니(39세)는 2년 전 아내와 함께 이 섬에 왔다. 섬의 두 개뿐인 호텔 중 한 곳이자 최대 관광시설인 메넨 호텔 옆 난민촌에서 그는 하루 종일 아무 일 없이 앉아 있다.

"일자리는 거의 없다. 나우루 정부로부터 매주 돈 몇 푼을 받아

먹고 산다."

난민들의 얼굴에는 절망이 그대로 묻어났다.

어찌 됐든 나우루 사람들 입장에서 보자면 난민 캠프는 몇 안 되는 일자리 중 하나다. 섬 전역에서 '트랜스필드Transfield'라 쓰인 유니폼을 입은 사람이나 버스들을 볼 수 있었다. 난민 캠프를 가리키는 이름이다. 트랜스필드에서 청소하는 여성들은 주급 200호주달러(약 18만 원)를 받는다. 난민들을 떠안은 대신 난민 캠프에서 일하고 원조를 받으면서, 주민들은 그 돈으로 콜라와 비스킷을 사 먹는다. 한때 정부가 인산염을 팔아 번 돈으로 기금을 만들어 앞날에 대비하겠다고 했지만 기금은 금세 바닥났고 '미래'도 날아갔다.

"인산염은 영원할 수 없는데, 그러고 나면 우리는 어떻게 될까? 등유가 떨어지면 밥도 못 하고, 고기 잡는 법도 다 잊었으니."

리사는 섬이 점점 '남의 것'이 되어가고 있다고 했다. 외지에서 온 먹거리, 외지에서 온 캔과 플라스틱, 외지에서 온 사람들. 주민들은 중국인들에게 식당과 가게 터를 임대해주고, 그들의 음식을 사 먹는다. 역설적이지만 이곳에서 뭔가를 키우는 사람들은 외부에서 온 이들이다. 중국인들은 양배추 따위를 키워 요리에 쓰거나 주민들에게 판다. 난민들도 채소를 키운다. 니복 부근의 난민촌, 컨테이너 집 바깥에 울타리를 치고 중동에서 온 난민 가족들이 아마도 고향에서 그랬겠듯이, 토마토를 키우고 있었다.

코카콜라를 많이 먹는 사람들은?

8온스(227그램)짜리 병 하나를 기준으로 했을 때 세계에서 코카콜라를 가장 많이 마시는 나라는 멕시코다. 멕시코 사람들은 2011년 1인당 728병을 마셨다. 칠레 460병, 미국 403병, 파나마 379병, 아르헨티나 345병 등 미주 대륙이 코카콜라의 주요 시장이었다. 코카콜라가 들어간 시장을 집계해본 나라들 중 콜라를 가장 외면한 곳은 인도와 말리로, 한 사람이 한 해에 12병을 마시는 데 그쳤다. 한국인은 84병을 마셔서, 세계 평균 92병보다는 조금 적었다.

브랜드 가치를 조사하는 '인터브랜드Interbrand' 조사에 따르면 2015년 현재 코카콜라 브랜드는 세계에서 세 번째로 높은 가치를 갖고 있다. 코카콜라의 2014년 결산 보고서를 보면 코카콜라, 스프라이트, 환타 등을 포함해 세계 탄산음료 시장은 연간 1퍼센트 정도 커졌다. 차와 스포츠음료 등 비탄산음료 시장이 4퍼센트 확대된 것에 비하면 주춤하다.

코카콜라가 미국 문화의 첨병처럼 인식되다 보니, 코카콜라가 아닌 자체 브랜드로 승부하는 경쟁자들도 늘고 있다. 전통의 라이벌 펩시 외에도 남미에서 많이 팔리는 잉카콜라, 이란에서 생산하는 잠잠, 콜롬비아의 포스트본, 프랑스의 메카콜라, 독일의 아프리콜라, 스코틀랜드의 아이언브루와 잉글랜드의 키블라콜라가 유명하다. 특히 페루에는 시장이 자체 브랜드들로 나뉘어, 잉카콜라와 콜라레알이 경쟁하고 있으며 두 브랜드 모두 라틴아메리카에서 널리 팔린다.

노예무역, 식민지, 전쟁…… 우울한 역사가 담긴 콘비프

나우루 공항 옆, 리사가 운영하는 식당에서 라나가 주문한 콘비프를 함께 먹었다. 콘비프는 쇠고기를 잘게 썰어 암염에 절인 것을 말한다. 작은 알갱이 모양의 암염 결정체가 옥수수 같다고 해서 이런 이름이 붙었다. 원래는 유럽 전역에 퍼져 있던 전통 염장법으로 저장하기 좋게 만든 쇠고기를 일컬었지만 지금은 캔에 들어 있는 인스턴트 식품 형태로 많이 팔린다. 실제로 처음 먹어본 콘비프는 한국에서 많이 팔리는 캔에 든 쇠고기 장조림 맛과 비슷했다.

겉보기엔 평범한 음식 같지만 콘비프에는 식민지와 산업혁명, 전쟁의 역사가 스며들어 있다. 주로 저소득층이 먹는 값싼 단백질 공급원으로 대량생산, 판매되어온 음식인 까닭이다.

콘비프가 대규모로 생산되고 팔리기 시작한 것은 16세기로 거슬러 올라간다. 유럽에서 미주 대륙까지 이어지는 노예무역, 이른바 '대서양 무역'과 식민지 개척 시기에 콘비프는 노예선과 식민지에서 많이 쓰였다. 콘비프를 주로 공급한 곳은 아일랜드였다. 더블린과 벨파스트 등지에는 쇠고기를 썰어 암염에 절이는 공장들이 들어섰다. 아일랜드에서는 주곡 작물인 감자가 흉작을 기록해 '감자 대기근'으로 불리는 사태가 일어나고 수많은 사람이 미국 등지에 저임금 노동자로 나가야 했는데, 같은 시기에 아일랜드의 쇠고기는 자기네 민족이 아닌 남의 나라 식민지 운영에 필요한 수출품이 되었던 것이다.

프랑스가 카리브 해의 섬들에 사탕수수 플랜테이션 농장을 만들면서 콘비프는 식민지에 정착한 프랑스인들과 노예노동자들의 주된 먹거리 중 하나가 됐다. 하지만 요리에 잘 쓰이지 않는 값싼 쇠고기 부품들을 재료 삼았기 때문에 이 음식에는 늘 혹평이 따라붙었다. 질 낮은 소 부위를 잘게 썰어 넣었다 해서 '작은 고기'라 불리기도 했고, 배에 화물처럼 싣고 다녔다고 해서 '카고 비프cargo beef'라는 별명으로도 불렸다.

이 음식이 식품공장에서 대량 생산되기 시작한 것은 영국의 산업혁명 때였다. 17세기 중반부터 19세기까지 산업노동자들의 단백질 공급원으로 널리 유통됐다. 통조림 형태가 보급된 것은 제2차 세계대전 때부터다. 군인들의 보급품으로 많이 지급되었다. 영국 해군함대들도 장기간 항해할 때 깡통에 든 콘비프를 싣고 나갔다고 한다.

전쟁 시기에 콘비프를 주로 생산한 나라는 중미의 농업대국 우루과이였다. 우루과이 서부의 프라이벤토스가 콘비프의 주요 산지였다. 우루과이는 1943년 한 해에만 콘비프 캔 1,600만 개를 수출했다. 지금은 브라질이 그 뒤를 이었다. 2015년 5월 '브라질 경제Brasil Economico'에 따르면 전 세계에서 유통되는 콘비프의 80퍼센트가 브라질산 쇠고기로 만들어진다.

ⓒ 구정은 외, 『지구의 밥상』, 글항아리, 2016.

작가 소개

구정은

인구가 1만 명도 되지 않는 태평양의 섬나라 나우루는 따뜻하면서도 신산했다. 식생활의 글로벌화가 어떻게 우리 삶에 영향을 미치는지 보는 것은 재미있으면서도 서글픈 일이었다.

느낌들

어린 시절에는 수퍼마켓 주인이 되면 그 안에 진열된 모든 것을 마음껏 먹고 마시며 쓸 수 있겠다고 믿었다. 어른이 된 지금은 그렇게 순진하지 않다고 여기면서도 평생 먹고 쓸 수 있는 돈이 있다면 행복해질 거라는 믿음을 여전히 꼭 쥐고 있다. 나우루 공화국의 비극은 우리가 한때, 혹은 지금도 가지고 있는 욕망이 어떠한 결과를 초래하는지 보여준다. 그들의 화려한 과거와 초라한 현재를 바라보며 아무것도 깨닫지 못한다면, 우리의 미래 역시 바뀌지 않을 것이다. 해수면이 높아지면 사라질 섬처럼 우리는 가라앉지 않는 욕망에 사로잡혀 지금도 서투른 매혹에 빠져들고 있는 건 아닐까.

자유롭게 국경을 넘는 밀가루

박선미·김희순

🌱 신자유주의와 초국적 농식품기업

농산물은 관세무역일반협정GATT에서는 자유무역 대상에서 제외되었으나 1986년부터 시작된 우루과이라운드를 거쳐 1995년에 출범한 세계무역기구WTO체제에서는 자유무역 대상으로 편입되었다. 이는 농산물이 국가가 보호하는 필수재에서 상업적 이윤추구의 대상으로 바뀌었음을 의미한다. 신자유주의자들은 공산주의의 몰락 이후 상품, 노동, 자본의 이동을 저해하는 기술적·제도적 장벽을 과감하게 제거해갔다. 1986년 우루과이라운드 출범이전 세계적 차원에서 다국적 자본들의 자유무역을 위한 제도적 토대를 마련한 것이라면, 1995년 WTO체제 출범은 법적·제도적 장치의 완성이라고 할 수 있다. WTO는 가맹국에게 농산물에 관한 관세를 감축하고 수출보조금을 축소하라고 요구했으며, 식량자급률을 향상시키기 위해 기존에 시행하던 정부지원금도 삭감할 것을 요구하였다.

현대 농업은 지리적 범위와 자연적 한계를 넘어 글로벌화되고 있다. 농업 생산과 유통 부문의 변화는 카길Cargill이나 붕게Bunge 같은 소수의 초국적 농식품기업이 주도하고 있다. 1980년대 이후 초국적 농식품기업은 농산물 생산뿐만 아니라 생산에 필요한 종자, 비료, 살충제, 제초제, 사료, 항생제, 성장촉진제 등을 생산하는 것부터 가공과 상품화, 소매 유통에 이르기까지 전 과정에서 사실상의 독점력을 행사하고 있다. 이들 기업들은 생명공학, 나노기술, 농화학 등의 분야들을 결합하면서 자연과 생명의 상품화를 가속화하고 있다.

WTO체제에서 개발도상국이나 빈곤국의 주식작물 재배는 줄었고, 수출용 상품작물 재배는 늘었다. WTO는 가맹국에서 식량자급률 향상을 위한 정부지원금을 삭감하라고 요구했지만, 미국과 유럽연합은 여전히 자국의 농민들에게 막대한 정부보조금을 지원하고 있다. 자신들은 WTO 규정을 거스르면서까지 보조금을 제공해 농산물을 생산한 후 덤핑 가격으로 판매하면서 다른 나라에는 농산물 관세 감축이나 보조금 감축을 강요한 것이다. 빈곤한 국가의 농산물은 부유한 국가에서 보조금을 받으면서 생산되는 기업농의 농작물과 가격경쟁이 되지 않는다. 부유한 국가의 농산물이 헐값으로 들어오면 개발도상국이나 빈곤국의 농업은 큰 타격을 입을 수밖에 없다. 대표적인 예로, NAFTA 체결 이후 200만 명에 달하는 멕시코 소농들이 북미지역에서 수입되는 값싼 옥수수 때문에 더 이상 옥수수 농사를 짓지 못하게 된 것을 들 수 있다.

개발도상국이나 빈곤국은 헐값에 들어오는 미국이나 유럽연합의 곡물과 경쟁하기보다는 수출용 작물을 늘리는 방향으로 구조조정을 하였다. 개발도상국이나 빈곤국의 농민들은 외국에 수출한 카카오, 아보카도, 베이비브로콜리나 당근을 재배하기 위해 주식작물 재배를 축소했다. 그들은 치열한 시장 경쟁에서 살아남기 위해 규모의 경제를 추구하면서 신품종 종자, 농기계, 농약, 비료 등을 구입하였다. 부유한 국가의 초국적 농식품기업은 빈곤한 국가에 더 많은 종자, 농기계와 화학제품을 판매할 수 있었고, 이 과정에서 개발도상국이나 빈곤국의 소농들은 빚을 졌다. 신품종 종자를 심을 경우 처음 몇 해 동안은 수확량이 증가하지만 뿌리가 토양 깊숙이 침투해서 모든 영양분을 빨아들이기 때문에 점차 지력이 고갈되어 버린다. 그래서 관개 시설을 구비하고 비료를 구입하기 위해 또 빚을 져야 한다. 작황이 나쁘거나 자신이 재배한 상품작물 가격이 떨어지거나 자신이 사 먹어야 하는 곡물가격이 오르면 결국 빚을 갚지 못하게 된다. 빚을 갚지 못한 빈곤한 소농은 땅을 포기하거나 삶을 포기한다. 1997년부터 2007년 사이에 인도 전역에서 약 20만 명의 농민이 자살했다. 재래종보다 2~3배 비싼, 몬산토에서 개발한 유전자조작 면화 종자인 바실루스 투링기엔시스Bacillus Thuringiensis를 심은 뒤 막대한 농업비용을 투자했음에도 생산량이 기대에 미치지 못하자 고리대금업자의 부채를 감당하지 못한 농민들이 제초제를 마시고 자살했던 것이다.

  2008년 금융위기, 지구온난화, 에너지 위기 등을 겪으면서 식량 위기에 대한 우려가 심화되었다. 식량 위기에 대한 우려는 2008년 곡물가격 폭등으로 현실화되었다. 유엔식량농업기구FAO에서 발표한 식량가격지수에 의하면 국제식량가격은 2007년 1월부터 2008년 8월까지 약 68퍼센트나 치솟았다. 아이티는 전체 인구의 80퍼센트가 하루 2달러에 못 미치는 돈으로 연명했는데, 2008년 초 넉 달 동안에 쌀값이 2배로 뛰었다. 2008년 곡물가격이 폭등하자 아프리카, 아시아, 라틴아메리카에서 빚으로 허덕이던 소농들은 자신들의 농지를 내놨고, 초국적 농식품기업들은 이를 헐값에 매입하였다. 토지를 잃은 소농들은 고향을 떠날 수밖에 없었다. 2010년 세계은행 자료에 의하면 2008년 10월부터 2009년 8월까지만 5,600만 헥타르의 토지가 거래되었는데, 이 중 3분의 2는 사하라 이남 국가에서 이루어진 것이었다. 이렇게 거래된 토지는 주로 국내 소비용 식량을 생산하는 농지였는데, 수출용 작물이나 농산업 원료 생산 용지로 전환되었다.

곡물가격 폭등으로 초국적 농식품기업은 막대한 이윤을 남겼다. 초국적 농식품기업은 자신들에게 유리하게 식품 가격이 책정되도록 모든 수단을 동원한다. 개발도상국이나 빈곤국의 시장을 장악하기 위해 덤핑도 마다하지 않았는데, 덤핑을 통해 경쟁자들을 없애는 것이다. 카메룬 원주민들의 가금류 사육이 완전히 파산한 것이 대표적인 사례다. 값싼 외국의 닭이 대량으로 수입되면서 닭을 키우고 계란을 팔던 수천의 양계 가구가 빈곤의 나락으로 떨어졌다. 원주민 양계업자들이 파산하자 초국적 농식품기업들은 기다렸다는 듯이 가격을 올렸다.

2008년 라틴아메리카의 아이티·멕시코·엘살바도르, 아프리카의 카메룬·모잠비크·코트디부아르·부르키나파소·세네갈·모로코·마다가스카르·모리타니·에티오피아, 아시아의 필리핀·인도네시아·태국·파키스탄·방글라데시 등 30여 개의 빈곤한 국가에서 곡물가격 폭등에 항의하는 시위와 폭동이 일어났다. 자본과 첨단과학기술을 이용해 생산성을 높이고 세계 농업시장을 최대한 개방하면 끔찍한 기아 문제는 사라질 것이라던 신자유주의자들의 약속은 무색해졌다. 8억 명이 굶주림에 시달렸고 세계 식량 비축분은 점점 줄어들었다. 국제 농산물 가격의 불안정성은 일상적인 것이 되어버렸다. 2008년 식량 위기에 이어 2012년과 2013년에 곡물가격이 치솟으면서 식량위기에 대한 우려는 더욱 높아지고 있다.

세계 곡물시장을 지배하는 카길

세계 곡물시장을 좌지우지하는 곡물거래 기업을 '곡물메이저'라 부른다. 전통적으로 미국의 카길, 벨기에의 컨티넨털, 아르헨티나의 붕게, 스위스의 앙드레, 프랑스의 드레퓌스가 세계 5대 곡물메이저였다. 그러나 앙드레는 1990년 파산 위기에서 간신히 회생했고, 컨티넨털은 2001년 카길에 곡물 분야를 매각하였다. 현재 곡물 메이저는 미국의 카길과 아처 대니얼 미들랜드, 아르헨티나의 붕게, 프랑스의 드레퓌스 4강 체제로 운영되는데, 이들 기업이 국제 곡물거래의 80~90퍼센트를 점유하고 있다. 이들 곡물메이저는 세계 주요 곡창지대를 장악하고 각 지역 농가들의 경작과 수확물 매입, 수송, 저장, 가공, 선적, 수출, 해운 등 전 산업 체인을 지배하고 있다. 이들은 세계 각지에 초대형 물류창고와 자체적인 수송회사를 운영하면서 인공위성까지 활용해 전 세계 기후변화를 실시간으로 분석하여 물류를 조절한다. 규모의 경제를 무기로 다양한 거래국과 거래하면서 국제곡물 시장을 주무른다. 이들은 세계 곡창지대의 농가들과 매입 계약을 맺고 경작을 지원하며 수확물을 확보, 운송한다. 이렇게 모인 곡물은 산지country 엘리베이터라는 저장·분류 창고에 모이고, 이 곡물이 다시 강변 엘리베이터, 수출 엘리베이터 등 더 큰 물류창고로 운송돼 세계 각지로 보내진다.

초국적 기업농의 성장은 원조 프로그램 및 신자유주의와 밀접하게 관련이 있다. 세계적인 곡물메이저 중에서도 가장 대표적인 곡물메이저인 미국 카길의 성장 과정을 살펴보면 이를 쉽게 이해할 수 있다. 카길은 1865년 미국 미니애폴리스에서 윌리엄 카길W.Cargill이 설립했는데, 설립할 당시에는 농민에게서 곡물을 사서 대도시 시장에 직접 팔거나 위탁판매를 하던 조그만 회사였다. 카길은 1954년부터 1970년대까지 이루어졌던 미국의 원조 프로그램을 위탁받아 수행하면서 급성장하였다. 2차 세계대전 이후 미국은 기계화, 관세장벽 및 농업 보조금 정책 등으로 잉여 농산물이 상당히 많았다. 당시 미국은 남아돌던 잉여 농산물을 이용해 식량원조 프로그램을 실시하였다. 우리나라도 미국에서 1950년대 중반부터 1970년대 후반까지 밀가루, 옥수수가루, 분유 등을 원조 받았다.

원조가 인류애의 실천처럼 보이지만 결과적으로 그다지 순수한 실천은 아니었다. 미국 농산물 시장은 원조를 통해 확대되었다. 식량원조의 효과는 천천히 나타났지만 강력했다. 식량원조를 받은 빈곤국은 원조를 받은 이후 미국의 농산물을 수입하는 국가로 바뀌었다. 우리나라도 미국의 값싼 밀가루 원조를 받은 이후 국내 밀 생산업이 붕괴됨으로써 밀 수입국이 되었다. 미국으로부터 밀가루를 구호물자로 받거나 값싸게 공급받던 대부분 국가도 우리나라와 비슷한 상황이다. 빈곤한 국가의 정부 입장에서는 자국의 농산물을 생산하는 것보다 미국에서 밀을 값싸게 수입하는 것이 훨씬 쉽고 돈도 적게 드는 방법이었다. 더구나 미국은 달러 대신 현지 통화를 받고 농산물을 판매했기 때문에 빈곤국 입장에서는 안 그래도 모자라는 외화를 소비하지 않아도 되었다. 원조 결과 미국은 대외관계에서 주도권을 장악했고 미국산 농산물의 소비는 증가하였다.

원조를 받은 국가의 사람들은 자국의 농부가 전통적으로 재배해온 곡물을 상대적으로 덜 먹게 되었다. 공짜나 다름없이 헐값에 들여온 수입 곡물 때문에 전통적인 곡물의 가격은 폭락했고, 농부들은 수지가 맞지 않는 전통 작물에 더 이상 매달릴 수 없었다. 오랜 기간 전해 내려온 전통적인 재배방식과 토종 종자들이 사라졌다. 재배해서 먹던 전통적인 작물은 사 먹는 미국의 작물로 대체되었다. 카길을 비롯한 미국의 대표적인 농기업들은 미국의 식량원조 프로그램 덕에 세계적인 규모의 기업으로 성장하였다.

카길은 1980년대 이후 사업을 다각화하였다. 대량생산과 대량소비의 시기인 20세기 후반 부유한 국가에서는 국민소득이 증가하면서 고기 소비량이 증가하였다. 부유한 국가들뿐 아니라 한국, 대만, 싱가포르 등 이른바 개발도상국 중산층들의 육류 소비량도 증가하였다. 카길은 육류 수요의 증가에 부응하기 위해 카길 가축 사육장에서 카길의 사료를 먹여 소나 닭을 공장에서 물건 찍어내듯이 키워 카길 도축장으로 보냈다. 카길은 도축한 쇠고기나 닭고기를 포장한 후 카길 선단에 실어 미국, 일본, 유럽 등으로 운반한다. 배에서 내려진 쇠고기나 닭고기는 카길 트럭에 실려 슈퍼마켓으로 배달된다. 카길 그룹은 상당수의 슈퍼마켓 체인도 소유하고 있다. 카길은 농부들에게 비료와 사료를 제공하고 식품회사들에게는 곡물 원료와 식품 성분을 제공하며 세계 어느 곳에서든 '원하는 것을 원하는 때에 공급하는' 기업이 되었다.

카길은 신자유주의의 열렬한 신봉자다. 카길은 미국정부의 농산물 무역정책과 세계무역구조에 영향을 미쳤다. 카길의 최고 경영자인 미섹E.Micek은 미국 클린턴 정부에서 대통령 수출 자문단으로 임명되었다. 또한 미국이 우루과이라운드 협정에서 제안한 대부분 내용이 카길의 전직 지배인인 암스투츠D.Amstutz에 의해 작성되었고, 다른 농업 관련 초국적 기업들에 의해 검토되었다. 이 제안서는 곡물무역회사와 농화학회사의 요구에 맞추어 작성

되었으며, 주요 내용은 농가에 대한 보조를 줄이고 생산조절을 없애는 것이었다. 2003년 멕시코에서 열린 WTO 협상에서도 카길이 내놓은 의견이 그대로 미국의 협상안이 되었다. 그래서 WTO 협상은 카길 협상이라는 비판이 제기되기도 했다. 카길은 미국의 식량원조 프로그램 및 농산물교역과 관련된 국제 협상에서 막강한 영향력을 발휘해 자신들에게 유리한 시장 조건을 조성하였다. 그리고 가장 싸게 재배할 수 있는 곳의 토지를 자유롭게 매입하고, 가장 싸게 가공할 수 있는 곳에 공장을 세우며, 세계 주요 항만에는 자신들의 곡물 엘리베이터를 만들어 가장 비싸게 팔 수 있는 시장을 찾아갔다. 그렇게 카길은 세계적인 초국적 농식품제국을 건설하는 데 성공하였다.

현재 카길은 수천 개의 저장고와 수천 개의 항만용 설비를 가지고 있고, 이들 항만 설비들을 연결해주는 선단까지 보유하면서 세계 곡물시장의 40퍼센트를 점유한 세계 제1의 농식품복합기업이 되었다. 2012년 자료에 의하면 카길은 쇠고기 도축과 소맥 가공 세계 1위, 사료 생산 세계 2위, 칠면조 도축, 대두 가공, 옥수수 가공 세계 3위를 차지하고 있다. 카길은 전 세계에서 가장 막강한 면화업자 중 하나이기도 하다. 그리고 금융서비스와 상품거래 자회사도 조직해 운영하고 있다. 2013년 매출액이 136조 7,000억 원이 넘고 직접 고용된 사람도 16만 명이 넘는다.

카길은 스스로를 '국수의 밀가루, 감자튀김 위의 소금, 토르티야의 옥수수, 디저트의 초콜릿, 청량음료 속의 감미료'라고 소개한다. 즉 우리가 소비하는 곡물, 채소, 음료부터 감미료까지 모두 생산하고 가공하고 운반하고 판매하며, 그 모든 과정에서 소요되는 자본까지도 스스로 운용한다. 카길은 과일을 가공해 생산한 주스용 원액을 전 세계 식음료 회사에 판매하며, 식품 첨가물도 생산·판매한다. 소비자들의 눈앞에는 카길의 상품이 드러나지 않는다. 그래서 치키타나 델몬트를 아는 소비자는 많아도 카길을 아는 소비자는 그다지 많지 않다. 그렇지만 카길은 지구상에서 나오는 식품과 관련된 거의 모든 것을 구매하고 생산하는 초국적 농식품 기업이자 세계 농업시장 규범을 자신들에게 유리하게 만들고 쌀과 밀 그리고 옥수수 가격을 쥐락펴락하면서 빈곤한 국가의 가난한 농민들의 목숨줄을 잡고 있는 제1의 식품제국이다.

ⓒ 박선미·김희순, 『빈곤의 연대기』, 갈라파고스, 2015.

작가 소개

박선미

고려대학교 지리교육과를 졸업하고, 같은 대학에서 박사학위를 받았다. 한국교육과정평가원 연구위원을 거쳐, 현재 인하대학교 사회교육과 교수로 재직 중이며, 사회과교육과정 심의위원, 중등 임용고시 출제 위원을 맡았다.

김희순

고려대학교 대학원 지리학과에서 박사학위를 받았다. 서울대학교 라틴아메리카연구소에서 HK 연구교수로 재직했다. 멕시코 지역연구자로서 지역격차의 원인에 대해 식민시대부터 현대에 이르기까지 관심을 갖고 연구를 지속해왔다.

느낌들

의식주는 우리 삶을 지탱하는 기본적인 요소이다. 그중에서도 가장 중요한 것은 먹거리이다. 브리야 사바랭은 『미식예찬』에서 "당신이 무엇을 먹었는지 말해주면 당신이 어떤 사람인지 알려주겠다"고 말했다. 오늘 하루 먹은 음식을 떠올려보자. 어떤 과정을 거쳐 그 음식을 먹게 되었을까? 음식의 재료가 소비되는 과정은 철저하게 자본주의의 논리를 따른다. 더 많은 이익과 더 큰 탐욕이 국경을 넘어 식량 주권을 침해한 지 오래다. 미국과 유럽 선진국의 밀가루가 세계인의 식탁뿐만 아니라 근본적인 삶의 조건을 좌우하는 것처럼 말이다.

우리가 소비하는 이유

강신주

🌢 소비, 주인이 되고 싶은 우리의 발버둥

여러분의 집에는 아마 택배 상자만 뜯어 놓고 쓰지도 않는 물건이 여럿 있을 거예요. 바로 이거죠. 우리가 인터넷 쇼핑으로 상품을 주문할 때 중요한 건 그 물건 자체가 아니에요. 진정으로 내가 원했던 건 상품을 고르고 사는 그 과정에서 주인이 되는 것이었다고요. 그걸 모르는 사람은 왜 샀냐고 물어보죠. 쓰지도 않을 거면서 왜 샀냐고요. 그걸 산 건 사실 주인이 되고 싶었기 때문이죠. 돈을 가지고 무언가를 선택하는 주인 노릇을 하고 싶었던 거라고요. 노동자로서의 삶이 팍팍하고 힘에 부칠수록 소비의 욕망이 강해져요. 노동자가 아니라 소비자로만 있고 싶은 거죠. 노동자는 노예이지만, 소비자는 주인이니까요. 일 나가는 사람들 다 노동자잖아요. 내 몸을 팔아서 돈을 벌면 노동자인 거잖아요. 그런데 여러분이 백화점에 가면 거기 온 사람들이 전혀 노동자로 보이지 않죠? 그 사람들은 다 어디서 돈이 났을까요? 다 똑같아요. 소비자로서의 위세를 떨치느라 돈을 쓰고 나면 다시 돈을 벌기 위해 직장에 가서 열심히 일해야 하고, 반드시 저 비싼 물건을 사겠다면서 연봉이 좋은 직장을 찾아가는 불쌍한 돈의 노예일 뿐이지요.

어쨌든 노동자라는 사실을 은폐하고 싶을 때 소비의 욕망은 그만큼 강해져요. 거꾸로 이렇게 이야기해도 돼요. 여러분이 억압을 받을 때, 삶이 힘들 때, 일이 뜻대로 안 되고 자꾸 남의 뜻에 의해서 좌지우지될 때 내 뜻대로 할 수 있는 게 뭐가 있어요? 돈 가지고 상품을 고르는 것밖에 없잖아요. 여러분 주변의 누군가가 소비에 물들고 인터넷 쇼핑몰에서 물건을 사들일 때 이렇게 생각하시면 돼요. '저 사람은 지금 더럽게 억압받고 있구나', '노예처럼 살고 있어서 주인이 되고 싶은 것이구나' 하고요. 그러니 취업이 안 되고, 비정규직이어서 고용이 불안정한 사람들은 돈 받으면 빨리 써요. 유혹인 거죠. 주인이 되고 싶다는 유혹. 빨리 주인이 되는 게 낫죠.

여러분과 여러분 부모님 세대의 차이는 이거예요. 여러분 부모님은 모아서 목돈으로 돈을 쓰셨고 여러분은 나오는 족족 바로 쓴다는 거예요. 그런데 어차피 쓰는 건 마찬가지예요. 부모님이 돈은 모아서 써야 한다고 말씀하시면 여러분들은 그냥 나눠서 쓰자고 해요. 어차피 쓰는 건 마찬가지니까요. 부모님들은 당신들이 지혜롭다고 생각하지만, 여러분들은 알죠. 돈을 모아도 물가를 못 쫓아가요. 물가가 많이 올라가는 사회에서는 빨리 쓰는 게 나아요. 적금 넣어서 뭐해요? 지금 이율이 얼마나 낮은데요. 옛날에는 이율이라도 높았거든요. 그러니까 부모님에게 빨리빨리 쓰는 게 낫다고 말해도 된다고요.

 부모님 세대와 우리는 달라 보이지만 의외로 같아요. 부모님 세대는 목돈으로 소비했죠. 우리는 목돈을 기다릴 틈도 없고, 사실 목돈도 별로 들어온 적이 없으니, 빨리빨리 써야 돼요. 카드도 쓰고, 현금 서비스도 받아 써요. 이런 식으로 다 쓰는 거예요. 무슨 상관이에요. 주인 되는 게 더 좋잖아요. 한 달 노예였다가 하루 주인 좀 돼 보겠다는데 누가 뭐라 그래요? 우리 부모님 세대는 10년 노예였다가 하루 주인 되겠다고 생각했던 시대에 살았던 거예요. 그런데 우리가 부모님들과 소비에 대해 이렇게 싸우고 있을 때 웃고 있는 사람들이 있어요. 바로 자본가들이에요. '지랄들을 한다. 소비하라고 준 돈을 10년 뒤에 쓰나 바로 쓰나 무슨 상관일까. 어차피 돈 떨어지면 또 일할 것들이.' 이렇게 생각한다고요. 암담하죠. 암담하지 않으세요?

　우리는 노동자면서 소비자라고 했죠? 우리 삶의 대부분은 노동자로 살고, 소비자로 사는 것은 잠시뿐이에요. 그런데 소비를 많이 하게 되면 내가 노동자라는 걸 잊을 수 있어요. 그래서 내가 노동자라는 의식을 아주 강하게 가지면, 내 몸까지 팔아서 돈 벌고 있다고 생각하면 그 돈을 잘 못 써요. 자신이 과소비를 한다, 소비에 대한 욕망이 강하다고 생각하는 분들은 자신이 노동자라는 의식을 가져 보세요. 아주 강하게. 물론 그렇다고 해서 그다지 달라지는 건 없어요. 월급 받아서 물건 사는 것 말고는 할 게 없으니까요. 하지만 과소비는 조금 줄어들 거예요. 옛날 어른들이 뼈 빠지게 돈 벌었다는 이야기하시죠? 노동자라는 의식을 갖고 있으면 돈을 쓰기가 힘들어요. 돈 가지고 꿈꾸고 있는 게 더 낫죠. 여러분이 소비를 많이 하려고 한다면 노동자라는 의식을 꺼야 돼요. 채널 하나 끄듯이.

　백화점 갈 때 힘든 직장 생활이나 인정받지 못한 가사 일을 생각하세요? 야근했던 것, 용광로에 철물 부었던 것 기억해요? 애써 아침 식사를 차려 놓았는데 음식 투정을 하는 가족들의 모습이 떠오르나요? 그게 기억이 나면 우리는 물건을 살 수가 없죠. 그러니 가혹한 노동의 세계는 쿨하게 까먹어야만 돼요. 정신분열에 빠져야 과소비가 가능해요. '노동의 세계와 소비의 세계는 다르다', '노동자일 때 나는 소비자가 아니고, 소비자일 때 나는 노동자가 아니다' 이런 분열에 빠져 있어야 한다는 거예요. 이런 정신분열 속에서 상품을 사느라 돈을 다 까먹은 다음에야, 우리는 분열에서 빠져나올 수 있지요. '아, 나는 소비자이면서, 아니 소비자 이전에 노동자구나!' '노동자=소비자'라는 의식을 강하게 가지면 많은 부분에서 과소비의 문제를 해결할 실마리를 찾을 수 있을 거예요. 물건을 사며 주인 노릇을 할 때 우리는 자신이 노동자란 의식을 쉽게 까먹는다는 사실. 이걸 반드시 기억해 두세요.

자본주의, 우리 욕망에 가장 근접한 지배 체제

제가 자본주의 비판하는 책을 쓰려고 백화점에 6개월 동안 있었어요. 1주일에 두 번씩 가서 여러분을 관찰했다고요. 여러분이 물건 샀을 때 표정을 읽었죠. 그런데 제가 직업병에 걸렸어요. 제가 백화점을 좋아하게 된 거예요.(웃음) 한 6개월 있다 보니까 저도 모르게 중독이 된 거예요. 『상처받지 않을 권리』라는 책을 탈고하고, 6개월이 지나서 철학자들 모임에서 워크숍 간다고 해서 용산역에 모였던 적이 있어요. 용산역에 거대한 백화점이 하나 있잖아요. 문을 딱 열었는데 화장품 냄새가 확 나는 거예요. 저도 모르게 안으로 들어갔어요. 그곳은 행복해요. 쾌적하고 좋아요. 자본주의는 진짜 매력적인 거예요. 백화점은 꿈의 동산, 혹은 에덴동산 같아요. 노동자는 없고 온통 돈을 가지고 주인 노릇을 하러 들어온 소비자들만이 우글대니, 어떻게 불행의 요소가 있을 수 있겠어요. 그저 장밋빛이에요. 핵발전소를 공격하기 위해서 비리를 알려고 발전소에 들어갔다가 방사능에 오염된 거죠. 당시 제 꼴이 그랬어요.(웃음)

인류가 발견한 억압수단 가운데 우리 욕망에 가장 부합하는 체제가 바로 자본주의예요. 여러분 백화점 자주 가시죠? 백화점이 어떤 구조로 만들어져 있는지 아세요? 시간 가는지 모르게 만드는 구조예요. 백화점은 창을 안 만들어요. 비 오는 걸 알면 안 돼요. 시계도 걸어 놓지 않아요. 쇼핑해야 할 사람들이 다 집에 가거든요. 백화점은 이렇게 여러분을 짐승처럼 가둬 놓고 기르는 구조로 만들어져 있어요. 그리고 백화점 구조의 중요한 특징이 한 가지 더 있어요. 1층에는 명품관들이 있어요. 그리고 한 층씩 올라갈수록 물건의 가격이 싸져요. 제일 위층에서는 떨이상품들을 팔아요. 그건 심지어 제대로 된 쇼핑백에도 안 담아 줘요. 검은 비닐봉투에 주거나, 남는 쇼핑백에 담아 주거든요. 백화점에 들어온 사람들은 우선 1층에서 갈라져요. 명품관으로 들어가는 사람과 올라가는 사람으로. 명품관으로 들어가는 사람과 눈이 마주쳤을 때 우리는 각오를 다지죠. '언젠가는 나도 저기로 갈 거야.' 그리고 같이 올라가던 아줌마는 2층에서 내려요. 나는 계속 올라가고요.

가난한 사람은 더 많이 올라가야 돼요. 부유한 사람은 1층으로 바로 간다고요. 만약에 명품관만 있었다면 그 백화점에 부유한 사람은 안 올지도 몰라요. 그 사람들이 명품관으로 들어가는 이유는 여러분이 위층으로 올라가면서 보내는 부러운 시선인지도 몰라요. 그들은 자신들을 부러워하는 여러분의 시선을 보고 뿌듯함을 느끼는 셈이지요.

집어등集魚燈 아세요? 오징어를 잡는 배에 매달려 있는 등을 집어등이라 불러요. 물고기들을 소집하는 등인 거죠. 자본주의는 욕망의 집어등이에요. 한 번 길들면 참 벗어나기 힘들죠. 배에서 집어등에 불을 딱 켜면 오징어들이 환장하고 올라와요. 그 불빛이 너무 매력적인 거예요. 오징어들도 다 알아요. 작년에 삼촌도 저 불 따라갔다가 죽었는데 왜 모르겠어요. 그래서 각오를 다지죠. 배가 오기 전까지는. 집어등을 따라가면 안 된다, 하면서 세미나도 하고 회의도 하는 오징어들을 생각해 보세요. 마치 고양이 목에 방울을 달겠다는 쥐들처럼 보이지 않나요? 그렇지만 아무리 각오를 다지면 뭐하겠어요. 배만 뜨면, 등만 켜지면 다 망각하고 조르륵 낚싯대에 낚여 죽어갈 테니 말이에요. 저수지에 있는 물고기들도 다 알아요. 지렁이가 붙은 낚싯바늘이 물 아래로 쫙 내려온다고요. 매혹적인 냄새가 탁 나겠죠. 그거 먹으면 죽는다는 것도 다 알아요. 저수지가 그렇게 크지 않잖아요. 당숙도 죽고 고모도 죽었다고요. 지렁이 냄새가 나면 위기라는 걸 알아요. 그런데도 내 앞에 지렁이가 오면 마치 무엇에라도 홀린 듯이 그 낚싯바늘을 확 물어요.

자본주의를 욕망의 집어등이라고 말하는 것도 이런 이유에서지요. 자본주의는 우리의 욕망을 집요하게 파고들어서 그 욕망을 증폭시키니까요. 여러분 사랑받고 싶죠? 오케이. 사랑을 줄 거예요. 그 제품만 사면. 이건 너무 매력적인 유혹 아닌가요?

모든 사람은 사랑받고 싶어 하죠? 명품 가질 때 왜 좋아요? 그걸 갖게 되면 행복하단 말이에요. 다른 사람이 나를 모두 찬양하고 주시하는 것 같잖아요. 이 세상에서 제일 슬픈 게 나를 무시하는 거잖아요. 무시라는 건 보지도 않는다는 거잖아요. 그런데 명품을 들고 있으면 사람들이 모두 관심을 피력해요. 스마트폰을 처음에 왜 바꿔요? 그거 갖고 있으면 그거 어디서 구했냐면서 나한테 관심을 갖잖아요. 자유를 누리고 싶어요? 자본주의에는 있어요. 소비의 자유죠. 우리가 자유롭다는 건 소비의 자유를 이야기하는 거예요. 그런데 돌아보면 알죠. 돈이 없는 사람한테 무슨 자유가 있어요? 진짜 주인은 돈이란 말이에요. 노숙자한테 무슨 자유가 있어요? 돈 없으면 자유도 없죠. 여행은커녕 이동도 자유롭지 못하잖아요.

빨간 약과 파란 약, 당신의 선택은?

자본주의는 우리 욕망에 가장 근접한 체제라고 했죠. 그래서 자본주의에 한 번 물이 들면 거기에서 벗어나기가 만만치가 않아요. 자본주의의 무서움은 그래서 모르핀에 비유할 수 있을 것 같아요. 지나가는 사람이 여러분 팔에 모르핀을 놓으면 여러분은 모두 중독돼요. 모르핀에서 어떻게 빠져나올까? 이게 힘든 문제예요. 모르핀이 떨어지면 손이 떨리고 환장해요. 돈이 없어지면 환장하듯이. 우린 그렇게 지금 길든 거예요. 제 눈에는 여러분들이 다 병신들 같아요. 다 자본에 감염되어 있어요. 제가 처음에 그래서 냉소적으로 말씀드렸죠. 돈이 많으면 하지 않았을 고민이 많다고요. 모르핀이 없어서 금단현상이 생기는 것과 마찬가지지요. 더 센 모르핀을 맞으면 금단증상이 사라지는 것처럼, 돈이 더 많이 생기면 많은 고민들이 사라지겠지요. 모르핀이 우리 삶을 파괴하는 방식과 똑같이 자본주의는 우리 삶을 갉아먹는 거예요.

자본주의가 가져다주는 소비를 통한 자유의 느낌과 사랑받는다는 느낌도 모르핀처럼 강력해요. 누가 자유와 사랑의 느낌을 거부할 수 있을까요? 자본주의는 우리 욕망의 구조와 대단히 가깝다고 했죠? 그래서 한 번 길들고, 주사를 맞으면 갈증이 생기는 거예요. 일종의 금단현상이 나타나는 거죠. 어디까지가 자본의 욕망이고 어디까지가 내 욕망인지 그 경계선이 굉장히 애매해지거든요. 머리로는 자본주의를 극복해야 한다고 생각해도, 우리 몸은 이미 자본주의적 욕망에 길들여져 있어요. 그러니까 벗어나기 힘들죠. 모르핀이 나쁘다는 것을 알아도, 당장 모르핀이 없다면 죽을 것 같은 금단증상이 찾아오는 것처럼 말이지요.

제가 전에 신문에 칼럼을 하나 썼던 적이 있어요. 냉장고를 없애자는 취지의 글이었지요. 자본주의는 너무 거대한 체제라 자본주의가 우리 삶을 위태롭게 해도 절망하게 마련이지만, 우리가 실천할 수 있는 것들을 찾아서 하자는 이야기였거든요. 그중에 하나가 냉장고를 없애거나 냉장고 용량이라도 줄이자는 거였다고요. 당장 냉장고가 없다고 해 봐요. 그럼 우리 삶이 급격하게 달라져요. 직접 재래시장에 들러서 싱싱한 재료를 사야 하고요, 재료를 사 오면 빨리 요리를 해 먹어야 해요. 또 우리는 먹을 수 있을 만큼만 사야 해요. 버려야 되니까요. 많이 살 수밖에 없었다면, 주변 사람들하고 나눌 수밖에 없고요.

이 칼럼이 나오자마자 엄청난 저항이 발생했어요. 저를 거의 죽이려고 달려들었어요. 냉장고 없으면 어떻게 하느냐면서 아주 난리가 난 셈이지요. 흥미로운 것은 자본주의적 경쟁 교육을 비판하던 사람들마저 저를 공격하는 거예요. 당혹스러운 경험이었지요. 저와 같은 생각을 가지고 있다고 믿었던 분들마저 그러니 서운하기까지 하더군요. 여기서 저는 알게 되었어요. 자본주의는 쉽게 극복되지 않으리라는 사실을요. 구체적인 실천적 대안마저도 그렇게 조롱을 당하는데, 어떻게 자본주의 전체를 극복할 수 있겠어요. 힘든 일이죠. 이미 너무 많이 우리는 자본주의에 오염되어 있었던 거예요. 그럴 때 보면 마음이 막 갑갑해요. 다들 자본주의라는 모르핀, 돈의 모르핀에 중독된 사람들이잖아요. 벗어나려고 하면 금단현상 때문에 저항을 해요. 어떻게 해야 하죠? 어쩌면 슬프게도 조금 더 기다려야 할지도 몰라요. 자본주의라는 모르핀이 얼마나 우리를 망가뜨리는지 분명히 드러날 때까지.

돌아보면 〈매트릭스〉의 감독들은 심각한 문제를 던진 거예요. 자본주의라는 매트릭스 세계를 부정하고 진짜 세계로 가실래요? 진짜로 가실 수 있겠어요? 아니면 사이퍼처럼 선택해도 상관없어요. 돈 벌고 쓰는 매트릭스에서 오감을 만족하며 사는 게 꿈이어도 돼요. 그 꿈을 통해서 자신은 피폐해지고 자본만 증식되어도 상관없죠, 뭐. 레스토랑에서 음식 먹고, 근사한 드레스를 입고 싶은 쪽인가요? 아니면 비록 화려하지는 않고 심지어는 불편하기도 하지만, 인간적인 삶을 선택하고 싶은가요? 여러분은 어느 쪽이에요? 매트릭스 말고 시온의 세계로 가서 어떻게 해 보실래요? 사이퍼가 꿈꾸었던 건 레스토랑에 가서 스테이크 먹는 거였어요. 돈 내고 레스토랑에서 밥 먹는 거죠. 자본주의의 세계를 스스로 선택한 거죠. 사이퍼는 이게 꿈이라는 걸 알지만, 꿈속이라도 상관없다는 거였거든요. 제가 알약을 준비할 걸 그랬어요. 빨간 약, 파란 약. 여러분은 어떻게 할 거예요?

소비를 위한 소비

최근 들어 '이게 과연 필요해서 사고 있는 것일까?' 생각하게 되는 구매가 종종 있습니다. 연봉이 많은 것도 아닌데, 세일을 한다거나, 어떤 금액 이상으로 구입을 하면 배송료가 무료라거나, 입소문이 들리는 물건이라면 굳이 필요하지도 않은 물건들을 사게 됩니다. 가령 내가 필요한 물건은 2만 원짜리인데, 6만 원 이상 구매를 하면 배송료가 무료라고 할 때 이것저것을 더 구매해서 6만 원을 채워 구매합니다.

무언가를 구입할 때면 다른 데선 느낄 수 없는 재미와 자유로움을 느끼는 것 같아요. 온전히 내 선택에 의해 무언가를 결정할 수 있고 매장에서 무언가를 살 때 점원에게 존중받는 느낌도 좋고요. 그러다 보면 처음엔 분명 필요한 물건이 아니었는데 하나둘씩 그 물건을 사야 할 이유를 만들고 있습니다. 제가 꼭 필요해서 사는 게 아니라 소비를 위한 소비를 하고 있다는 생각이 들었습니다.

삶의 낙을 이런 데서 찾아도 되는 걸까요? 쓸데없는 소비와 소비 자체에서 즐거움을 찾는다는 것은 뭔가 잘못된 것 같은데, 어디서부터 어떻게 생각을 바꿔야 할지 잘 모르겠어요.

여러분도 얼마 이상 사야 배송료 무료라고 하면 이분처럼 하시죠(웃음) 아, 그거 진짜 싫어요. 저는 방금 전에도 그걸 하고 왔어요. 음반을 하나 사려고 했는데 할인 쿠폰이 있는 거예요. 정가대로 샀으면 배송료가 무료인데 할인 쿠폰 때문에 무료 배송 금액이 안 되는 거예요. 난감한 일이죠. 그래서 음반 한 장을 더 샀어요. 무료 배송 때문에 구매한 음반이 반드시 사야 할 음반이라고 계속 최면을 걸면서 말이지요. 그래서 그런지, 자꾸 사 놓고 듣지 않는 음반이 많아져요. 정말 처치 곤란이지요. 결국 나중에 사람들에게 나누어 줘요. 우리 인간은 지혜롭지 않아요.

철학자인 저도 그러는데, 여러분은 어떻겠어요. 오늘은 다급하게 '벙커1'에 와야 해서 하지 말아야 할 일을 하고 왔어요. 할인 쿠폰의 유혹! 사실 조금 더 여유가 있었다면, 쿠폰의 유혹에 견딜 수 있었을지도 몰라요. 안타까운 일이에요. 도장 몇 개 찍어서 모으면 무료 커피 한 잔 주는 쿠폰 있죠? 저는 평상시에 커피 사 마실 때 그런 쿠폰 준다고 하면 거부하거든요. 그 쿠폰을 받는 순간, 우리는 자기도 모르게 그 커피 가게에 들르게 돼요. 가까이 있는 커피 가게가 있어도 쿠폰을 준 커피 가게를 애써 찾아간다고요. 그러면 나중에는 쿠폰에 도장을 받으러 가는지, 커피를 마시러 가는지 헷갈릴 정도가 되죠. 그래서 저는 쿠폰을 거부해요. 인터넷 서점의 할인 쿠폰과 무료 쿠폰의 유혹에서도 벗어나려고 더 큰 노력

을 해야 할 것 같아요. 우리 함께 해보지요.(웃음)

　이분은 또 무언가를 구입할 때 다른 데에서는 느낄 수 없는 재미와 자유로움을 느끼신대요. 온전히 내 선택으로 무언가를 결정하고, 점원에게 존중받는 느낌도 든다고 하시네요. 앞서 말씀드렸죠? 돈을 가지고 있으면 존중받거든요. 멋있죠. 그런데 이렇게 삶의 낙을 찾는 게 괜찮은 건지는 잘 모르겠네요. 빨간 약 드실 거예요, 파란 약 드실 거예요? 이 문제는 힘들어요. 굉장히 힘든 문제예요. 주인이 되고 싶은 거고, 존중받고 싶은 거니까요. 본능적으로 알잖아요. 돈을 가지고 있을 때 존중받는다는 걸요. 그런데 정확히 말하면 돈만 가지고 있는 걸로는 존중받지 못해요. 돈을 쓸 것 같은 느낌을 줘야 존중받아요. 매장에 가야 되죠. 집에 1억 가지고 있으면 뭐해요? 백화점에 딱 들어가서 돈을 쓸 것 같은 아우라를 보여야 돼요. 그런 아우라는 점원들이 기가 막히게 알아요. 이 사람이 시간 보내러 돌아다니는 건지, 지갑에 돈이 있어서 쓰려고 하는 건지를 알아요. 여러분들 얼굴에 우월함이 강하게 보이면 돈 쓸 각오를 했다는 걸 알아요. 반면 돈이 아무리 있어도 안 쓰려는 사람은 금방 알아봐요. 자기와 무관한 사람이니까. 점원으로 일해보신 분은 알 거예요. 그냥 아이쇼핑하는 사람과 주인으로서의 권위와 자유를 행사하고 싶어 하는 사람은 구분이 된다고요.

　소비가 삶의 낙이라고요? 낙은 낙이죠. 자본주의에서 유일하게 허락된 낙은 소비할 때 느끼는 낙밖에 없어요. 이게 심각한 문제인 거예요. 삶의 낙을 소비에서 찾아도 되냐고요? 본인이 돈 벌고 있으면 계속 쓰세요. 어차피 쓰게 되어 있어요. 쓰지 않으면 돈이 무슨 소용이 있나요. 그 종이를 받아 간직해서 뭐해요. 써야지. 여러분 계좌에 찍힌 그 숫자만으로는 아무 의미도 없어요. 쓰세요. 그런데 좀 찜찜하게 쓰셔야 돼요. '이건 뭐지? 돈을 쓰고 난 다음에 드는 이 허탈감은.'(웃음) 돈을 쓰는 순간 자유를 만끽하지만, 그 대가로 수중에서는 돈이 사라지죠. 결국 그렇게 잠시 만끽한 자유 때문에, 다시 우리는 돈을 벌어야 할 거예요. 결국 돈을 쓰면서 얻은 일시적인 자유의 느낌이 우리를 계속 일하게 만드는 원동력인 셈이지요.

 이런 자기파괴적인 악순환의 고리를 끊기 위해서, 소비의 자유가 아닌 다른 자유의 가능성을 찾을 필요가 있을 거예요. 그러니까 주인으로서 삶을 살아 내고 있다고 긍정할 수 있는 일을 찾아보세요. 사랑을 하는 것도 좋을 것 같네요. 사랑은 두 사람을 주인공으로 만드는 경험이니까요. 아니면 여행을 해도 좋을 것 같아요. 여행은 언제든지 스스로의 결정에 따라 시작할 수도, 그칠 수도 있으니까 주인이라는 느낌을 강하게 줄 수 있을 거예요. 아니면 글을 쓰거나 그림을 그리세요. 어떤 작품을 만들지는 전적으로 여러분이 주체적으로 선택할 수 있으니까요. 사랑이든 여행이든 작품 활동을 하든 제대로 주인답게 무언가를 할 수만 있다면, 우리는 소비가 주는 일시적이고 허구적인 자유에 그만큼 덜 빠져들게 될 겁니다.

ⓒ 강신주, 『강신주의 다상담 3』, 동녘, 2013.

작가 소개

강신주

사랑과 자유의 철학자. 동서양 인문학을 종횡하며 끌어올린 인문 정신으로 어떤 외적 억압에도 휘둘리지 않는 힘과 자유, 인간에 대한 사랑을 쓰고 말해왔다. 지은 책으로 『강신주의 노자 혹은 장자』, 『철학적 시 읽기의 즐거움』, 『철학이 필요한 시간』, 『강신주의 감정수업』, 『김수영을 위하여』, 『상처받지 않을 권리』, 『강신주의 다상담』(전3권) 등이 있다.

느낌들

강신주는 『상처받지 않을 권리』에서 '우리는 진짜 자기 욕망을 모르고 타인의 욕망을 욕망한다'라며 라캉의 말을 인용한다. 라캉이 제시한 '욕망$_{desire}$ = 요구$_{demand}$ - 필요$_{need}$'라는 공식에서, 소비는 '필요' 이상의 그 무엇을 의미한다. 우리가 일상에서 접하는 인터넷쇼핑과 홈쇼핑은 필요를 넘어 소비에 대한 욕망을 자극한다. 각자의 일터에서 열심히 노동한 우리에게 남은 즐거움은 '소비'밖에 없는 것일까. 소비에 대한 욕망을 다른 욕망으로 바꿀 수는 없을까. 자본주의의 요구대로 작동하는 소비 인형이 아니라, 자기 삶의 진정한 주인이 되기 위한 몸부림을 칠 때다.

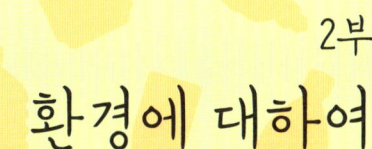

2부
환경에 대하여

오늘도 격렬히
일회용품을 싫어하는 중입니다

배선영

💧 우주로 쏘아 올린 리사이클링

얼마 전 '재사용 우주선'이 발사에 성공했다. 재사용 우주선이라니. 우주선 앞에 붙은 이 수식어가 낯설어 처음에는 믿지 못했다. 재사용 소주병도 아니고…. 재사용이란 무엇인가. 소각하거나 매립처리 하지 않고 다시 사용하는 것을 말한다. 다시 사용하기 위해서는 제작 단계부터 재사용·재활용 가능한 재질인지 고려해야 한다. 이를테면 맞다, 소주병처럼 말이다. 그런데 재사용 우주선이라니! 일론 머스크가 이끄는 '스페이스X'는 지난 3월 30일 역사상 획기적이고 의미 있는 사례를 만들어냈다. 이미 과거에 한

번 사용되었다가 회수된, 그러니까 지구를 벗어나 우주에 나갔다 돌아온 로켓을 재사용했다. 국제우주정거장ISS용 무인화물 수송선인 '드래곤'을 발사할 때 지구 위로 쏘아 올려진 1단 로켓이 그것이다.[1] 우주에 한 번도 못 나가본 이 지구인은 방구석에서 입을 떡 벌린 채 괄목할 만한 우주 과학의 발전에 감탄했다. 세상에, 이제 로켓도 재사용하는 시대가 되었구나. 바닷가에 모래알만 한 나의 상상력이 부끄러워지는 순간이었다.

우주로 발사되는 로켓을 회수하고 재사용한다. 그로 인한 비용 절감과 환경 보호 효과를 기대한다. 기막히게 단순하다. 그리고 마음에 든다. 어쨌든 새로 만들지 않는 딱 그만큼만이라도 지구에서건 우주에서건 쓰레기를 배출하지 않을 수 있으니까. '재사용—재활용'이라는 간단하고 명료한 아이디어가 왜 그동안 우주 개발 사업에서는 반짝이지 않았을까? 왜 일회용이 아닌 지속가능한 개발이 진작에 환영받지 못했을까? 왜 우리 인간은 다 망치고 나서야 후회하고 반성할까? 전 인류적 후회의 말줄임표는 엇비슷해 보인다. 시험 직전 '공부 더 열심히 할걸', 폭식 후엔 '조금만 덜 먹을걸', 이별 직후 '만취해서 그에게 전화하지 말걸'… 우리의 하나뿐인 지구도 쓰레기에 다 뒤덮이는 수난을 겪고 나서야 후회하게 될까. '일회용품 쓰지 말걸!'

---

[1] 「우주에 벌어진 '재사용 로켓' 전쟁, 스페이스X가 이겼다」《시사저널》, 2017.04.14.

아무것도 쓰레기로 버리고 싶지 않다. 더욱 격렬하게

나는 일회용품이 싫다. 거의 일회용품 알레르기 수준이다. 일회용품 사용을 거부하고 뭐든지 재사용의 의지를 불태운다는 측면에서, 더 나아가 재사용·재활용할 쓰레기조차 만들어내기 싫어한다는 점에서 감히 일론 머스크와 동급이라고 말하고 싶다. 스페이스 X의 성과처럼 우주적 스케일은 아니지만 소소한 지구적 실천으로 일상을 촘촘하게 메꿔가고 있다. 매일 손수건을 사용하고, 무겁고 귀찮아도 텀블러와 여분의 에코백을 가지고 다니며 카페에서는 언제나 "머그컵에 주세요" 캠페인 중이다. 휴지나 종이컵을 사용하지 않는 것이 곧 나무를 살리는 것이라는 표어는 상상력의 비약이 아님을 실천을 통해 주변인들에게 전파하고 있다. 내가 쓰고 버린 비닐이 어느 먼 바다의 고래 뱃속에 들어갈 수 있다는 부채감은 나를 더욱 전투적인 환경운동가로 만든다. 점심을 먹고 나서 습관적으로 '톡톡' 뽑아 쓰는 휴지 무시하기, 물건을 살 때 일부러 큰 목소리로 "봉투는 안 주셔도 돼요" 외치기 등. 그렇다. 일회용품을 쓰면 알레르기 반응이라도 일으키는 듯 사용하지 않는 것은 물론, 일상 전반에서 격렬하게 '거부'하고 있다.

습관은 무섭다. 때로는 수동적으로 주어지는 것들에 익숙해진다. 돈을 받다가 갑자기 공짜로 주기 시작한 편의점 봉투가 그렇고, 카페에서 아무렇지 않게 제공하는 일회용 컵이 그렇다. 벌써 익숙해져서 없으면 불편하고 아쉬워지는 것들 말이다. 요즘 카페에서는 일회용 컵이 '디폴트값'이나 마찬가지다. 대형 프랜차이즈 카페일 경우 더욱 그렇다. 카페에 앉아 둘러보면 거의 90퍼센트 이상의 테이블에서 테이크아웃용 일회용 컵을 사용하고 있다(정말이다. 못 믿겠으면 지금 당장 가까운 카페에서 확인해 보시라). 일회용 컵에 담긴 음료를 받고 당황하지 않기 위해 주문할 때 꼭, 머그컵에 달라고 '일부러' 요청해야 한다. 다회용 잔이 갖춰져 있지 않은 카페도 간혹 있어서 직원과 실랑이를 한다. 정말 황당한 경우도 있다. 머그잔에 달라고 요청했는데 용량 측정을 위해 먼저 일회용 컵에 음료를 담은 후 머그잔에 그대로 따라주는 것이다(응? 의문의 일회용 컵 쓰레기통 행…). 카페에서 사용하는 일회용 컵은 '테이크 아웃'을 위한 것이었다. 2008년 이명박 정부 때 기업 프렌들리 정책의 하나로 일회용 컵 보증금 제도를 폐지한 후로 쭉 사용량은 늘고 회수율은 줄었다.[2]

재활용 잘하기 vs 쓰레기 안 만들기

이쯤에서 '분리수거, 재활용만 잘하면 좀 써도 되는 거 아닌가?'라고 의문을 품는 사람들에게 말하고 싶다. 우리나라에서 연간 230억 개의 일회용 종이컵이 쓰고 버려진다. 하지만 재활용률은 1퍼

---

[2] 「[국감브리핑]하태경 "7년간 일회용컵 이용 급증"…규제는 후퇴」, 〈뉴스1〉, 2016.10.12.

센트 정도밖에 되지 않는 게 현실이다. 여러 이유가 있지만, 카페에서 사용하는 일회용 종이컵의 경우 내수성 때문에 컵 내부에 폴리에틸렌 성분이 코팅되어 있다. 이를 분리해내는 작업에 많은 비용이 든다. 이물질이 묻어 있는 경우에는 그나마 재활용조차 되지 않고 소각행이다. 현행 제도도 문제다. 생산부터 폐기-재활용에 생산자가 책임지는 EPR(생산자책임재활용제도) 대상 품목에 일회용 종이컵은 쏙 빠져 있다.

  비닐은 또 어떤가. 재활용품 회수 후 분류작업을 하는 곳인 '재활용 선별장'. 이곳으로 가장 많이 들어오는 건 비닐인데, 실제로 분리배출이 잘 안 된 채로 회수된다. 자동 선별 기계가 없는 곳에서는 컨베이어 벨트 위를 지나가는 비닐을 사람이 손수 분리해내야 하는데 이물질이 묻어 있는 경우가 많아 재활용이 어렵단다. 우리나라만큼 분리수거에 열심인 나라가 없다고 알려져 있지만 '잘' 되는 건 일부에 지나지 않아 보인다. 사실 '잘' 하면 뭔들 안 되겠나. 그만큼 '잘'은 때론 무책임하고 때론 어려운 수사다. 프랑스는 2020년부터 플라스틱 용기와 비닐봉지 등 썩지 않는 일회용품을 전면 금지했다. EU 회원국은 2025년까지 비닐봉지 사용량을 연간 1인당 40개로 줄여야 한다. 참고로 우리나라는 1인당 비닐봉지 사용량이 연간 약 300개로 파악되고 있다. 재사용, 재활용을 '잘' 하는 것도 중요하지만, 쓰레기 문제 해결의 핵심은 원천감

량임을 잊어선 안 된다. 제로 웨이스트Zero-waste, 아예 쓰레기를 만들지 않는 것이 답이다. 일회용 컵을 사용하고 쓰레기를 생산하는 대신 텀블러나 컵을 사용해야 한다. 제도적, 정책적으로 쓰레기 감량을 위한 근본적인 시스템이 필요하다.

더 나은 지구를 위해

대선이 끝났다. 새로운 대한민국을 기대하며 정권 교체를 이뤄낸 촛불 시민의 염원과 희망으로 조금은 달뜬 분위기다. 하지만 '프로불편러'로서 대선 캠페인 과정에서 사용된 공보물과 일회용 현수막, 그리고 전량 폐기·소각된다는 기표용구들은 매우 불편했다. 대선이 끝난 후 청와대로 출근한 대통령이 일회용 컵을 자연스럽게 들고 있는 모습이 찍힌 사진을 보고 '텀블러였다면…' 한 건 나뿐만은 아니었다. 그래도 5월 15일, 미세먼지 응급감축을 위해 국내 미세먼지 원인인 낡은 석탄화력발전소 셧다운을 지시한 것처럼, 늘어만 가는 쓰레기 문제 해결을 위한 근본적인 정책도 곧 기획·추진되길 기대해 본다. 일회용 컵 보증금 제도의 부활을 넘어, 생산자가 제조 단계에서부터 재사용·재활용까지 염두에 두어 쓰레기 문제에 더 적극적으로 책임지도록 해야 한다. 과대 비닐 포장을 제도적으로 막는 것이 구체적인 방법의 하나다. 또한, 분리배출과 재활용이 더욱 활발하고 효율적으로 이루어질 수 있도록 인프라 구축과 제도 정비에 힘써야 한다.

　새 정부가 '상식적으로' 내딛는 행보를 보며, 나도 직무를 유기하지 않으리라 다짐한다. 마치 쓰레기 같았던 지난 정권을 격렬히 '거부'했던 기억처럼, 오늘도 지구를 망치는 쓰레기들을 더욱 격렬히 거부하기로 마음을 먹는다. 황경신 작가의 말처럼 "우리가 지어야 할 것은 쓰레기가 아니라 사랑"[3]이라고 믿는다. 쓰레기보다야 암만 사랑이 좋지 않은가. 나를 사랑하기 때문에 더 건강하고 쾌적하게 살고 싶어서, 앞으로도 기꺼이 불편함을 감수할 것이다. 문제를 발견하고 해결하기 위해 프로불편러이길 자처할 것이다. 창백한 푸른 점, 지구를 사랑하기 때문에 조금이라도 더 나은 지구 환경을 위해 노력할 것이다. 당신도 함께하시겠는가? 일회용품 격렬히 싫어하기, 오늘부터 1일이다!

　　　　　ⓒ 배선영, 「오늘도 격렬히 일회용품을 싫어하는 중입니다」, 〈녹색연합〉, 2017.6.5.

---

[3] 황경신, 『생각이 나서』, 소담출판사, 2010.

작가 소개

배선영

녹색연합에서 활동하는 환경운동가. 쓰레기 문제를 해결하기 위해 일상에서 제로 웨이스트 라이프를 실험하고 있다. 페이스북 페이지 '일회용품을 싫어하는 사람들의 모임' 운영자이기도 하다.

느낌들

어릴 적 주말 아침이면, 아빠랑 동네 식당에 가서 차에 실었던 곰솥에 갈비탕을 한가득 담아오곤 했다. 집 앞에 두부 장수 아저씨가 오면 잽싸게 나가서 반찬통에 두부를 받아오는 건 내 담당이었다. 요즘 웬만한 식당에서는 음식을 포장하면 비닐로 깔끔하게 마감한 일회용 플라스틱 용기에 담아준다. 배달 음식 역시 마찬가지다. 언젠가, 죽은 새의 뱃속에 비닐과 플라스틱이 가득 쌓인 사진을 본 적이 있다. 인간이 만든 쓰레기는 작은 새의 뱃속에 켜켜이 쌓이고 있었다. 지금도 새들은 바다에 떠다니는 플라스틱 조각을 먹이로 착각해 열심히 먹고 있을 것이다. 그걸 생각하면, 앞으로 인간은 지금보다 더 많이 불편해도 괜찮지 않을까 싶다.

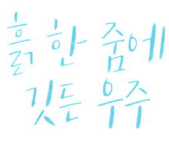

서정홍

보름 내내, 10년 남짓 묵은 산밭을 빌려서 개간했습니다. 묵은 산밭을 개간한다는 게 말처럼 쉬운 일이 아니었습니다. 내 키보다 더 자란 억새풀과 가시넝쿨을 베고, 캐고, 태우느라 봄날이 오고 가는 줄도 몰랐습니다. 일을 마치고 집에 돌아오면 지쳐서 밥 먹고 숟가락 놓기 무섭게 잠이 쏟아졌습니다.

오늘은 산밭 귀퉁이에 삽으로 호박 심을 구덩이를 팠습니다. 지난해 '생태뒷간'에 모아둔 똥을 그 구덩이에 넣었지요. 내가 눈 똥이 다시 흙으로 돌아가 거름이 되어, 크고 작은 호박이 주렁주렁 열릴 것이라 생각하니 등줄기에 땀이 흐르는 줄도 모르고 신나게 일을 했습니다.

일을 마칠 때쯤 멀리서 벗이 찾아왔습니다. 봄이 오듯이 말도 없이 찾아왔지요. 가게도 없고 텔레비전도 없는 작은 산골 마을에서 내가 해줄 수 있는 것은 맛있는 현미잡곡밥에 쑥국 끓여주는 것인데, 멀리서 온 벗은 승용차를 타고 어디 경치 좋은 데 가서 밥을 먹자고 합니다. 나는 "우리 마을만큼 경치 좋은 데가 어디 있다고 나가자는 것일까?" 혼잣말로 중얼거렸습니다.

그러나 오랜만에 찾아온 벗인데 그 소원 하나 못 들어주겠나 싶어 합천댐이 내려다보이는 어느 식당으로 갔습니다. 나는 일을 하다가 옷도 갈아입지 못하고 나서는 바람에 바지에 흙이 묻어 있었습니다. 대충 털고 식당 안으로 들어가는 내게 식당 주인이 퉁명스럽게 말했습니다.

"바지에 더러운 흙이 묻어 있는데, 좀 깨끗하게 털고 들어가세요."

나는 아무 말 없이 밖으로 나가 흙을 털고, 다시 식당 안으로 들어갔습니다. 안타까운 마음이 들었습니다. 다른 사람도 아니고 농민들이 심고 가꾸어준 농산물로 식당을 운영하여 밥을 먹고사는 식당 주인이, 흙을 더럽다고 하다니요!

하나밖에 없는 지구를 덮고 있는 흙, 이 흙 1센티미터가 쌓이는 데 넉넉잡아 400년이 걸리고, 콩알 반쪽밖에 안 되는 흙알갱이 속에도 눈에 안 보이는 미생물이 무려 2억 마리나 살고, 흙 한 줌

속에 살고 있는 생명이 지구에 사는 사람을 모두 합친 것보다 더 많답니다. 2000~3000년이 걸려야 바윗돌에서 겨우 10센티미터 남짓 만들어진다는 귀한 흙입니다. 자연이 만들어낸 최고 걸작이라 한다지요.

예나 지금이나 흙을 생명의 어머니라고 합니다. 이렇게 황금보다 귀한 흙을 살리는 일을 결코 소홀히 해서는 안 되지 않겠습니까. 흙을 살리고 지키는 일은 하늘이 내린 인류의 소명이라는데, 흙이 더럽다니요! 더러운 것은 흙이 아니라 흙을 더럽게 바라보는 그 마음이 아닐까요. 흙을 사랑한다는 것은 흙 속에 있는 생명을 사랑한다는 것이고, 흙에서 난 것을 먹고사는 사람을 사랑한다는 것입니다. 흙이 없으면 집 지을 나무도, 실 잣는 솜도, 곡식 한 톨도 구할 수 없으니 흙이 곧 만물을 먹여 살리는 어머니인 것입니다.

옛 어른들은 뜨거운 설거지물은 식혀서 버렸다 합니다. 젊은 며느리가 잘 모르고 뜨거운 물을 마당에 버리면 이렇게 말했답니다.

"눈 감아라, 눈 감아라."

왜 이런 말을 했을까요. 현미경이 없어 미생물이 무엇인지 몰라도 흙 속에는 숱한 생명이 산다는 것을 짐작으로나마 아셨기 때문이겠지요. 뜨거운 물이 땅에 스며들어가 땅속에 사는 벌레들의 눈에 들어가면 앞을 보지 못할 거라 걱정하며 그런 말을 했겠지요. 그만큼 흙과 생명을 소중하게 여겼다는 말입니다.

건강한 흙은 눈에 보이지 않는 여러 생명들이 함께 사는 터전이 되고, 그렇게 어우러진 전체 속에서 식물이 싹을 틔우고 열매를 맺게 됩니다.

사람마다 체질과 건강 상태가 다르듯이 흙도 다릅니다. 저마다 토질이 다르고 땅심도 다릅니다. 사람도 건강을 지키기 위해 가끔 종합검진을 받듯이 논밭의 흙도 종합검진(토양검정)을 하여 처방(토양진단)을 받아 알맞은 치료(토양개량)를 해야 합니다. 흙이 병들면 그 흙에 뿌리내리고 사는 모든 생명(사람과 자연)은 병들고 끝내 비참한 죽음을 맞이하게 될 것입니다.

흙은 환경을 보전하는 정화능력을 갖고 있으며, 풍수해를 막고, 산소를 생산하며, 유해 가스를 흡수하여 공기를 맑게 합니다. 기온과 습도를 조절하고, 세상 모든 물질을 품어 썩게 하여 그 힘으로 새로운 생명과 에너지가 생겨나게 합니다. 그러니 흙은 사람과 자연 생태계의 균형을 잡아주는 주춧돌입니다. 나무 그늘 아래에 앉아 보면 누구나 느낄 수 있습니다. 흙이 있어 나무가 있고, 나무가 있어 우리가 숨 쉬고 산다는 것을 말입니다.

이렇게 소중한 흙이 마구 뿌려대는 농약과 화학비료 때문에 죽고, 자동차 매연 때문에 죽고, 온갖 생활폐수와 가공식품 때문에 죽고, 아스팔트와 시멘트 때문에 숨 한번 제대로 쉬지 못하고 있습니다. 흙이 병들어 죽으면 이 지구에서 건강하게 살아갈 생명은 하나도 없습니다. 아이들의 미래도 없지요. 흙을 버리면 '생명의 어머니'를 버리는 것입니다. 결국 흙을 살리는 길은 흙으로 되돌아가는 것뿐입니다. 우리가 잊고 지냈던 그 시절, 그곳으로 되돌아가서 조금 불편하게, 조금 가난하게 사는 것입니다. 언제까지 도시 시멘트와 아스팔트 위에서 입으로만 환경운동이니 생명운동이니, 하느님이니 하나님이니 떠들어대면서 살 수 있을 것인지 아무도 알 수 없습니다. 그날이 내일이 될지 모레가 될지 말입니다. 그러나 우리 모두 그날이 머지않았다는 것을 잘 알고 있습니다. 농사꾼이 농사만 잘 지으면 되지, 이렇게 많은 걱정까지 안고 살아야 하니 가슴이 답답할 때가 많습니다. 어찌 답답하지 않겠습니까.

살아가다 보면 무슨 일이든 마음먹은 대로 되지 않을 때가 더 많습니다. 그럴 때는 흙을 한 줌 손에 쥐고 흙냄새를 맡습니다. 사람의 능력으로는 도저히 그려낼 수 없는 신비스러운 흙냄새가 몸속으로 깊이 들어와 뒤틀린 마음을 바로잡아 줍니다. 맨발로 논둑을 걷거나 산길을 걷다 보면 온몸에 깃든 병이 다 나을 것 같습니다.

사람은 흙에서 태어나서 흙에서 나온 것을 먹고살다가, 죽으면 흙으로 돌아갑니다. 그러니 사람이 곧 흙이며 흙이 사람입니다. 그런 사람이 자기가 태어난 흙을 떠나 딱딱한 아스팔트와 시멘트 숲속에서 살고 있으니 어찌 맑은 마음을 지닐 수 있겠습니까. 틈이 나면, 아니 억지로라도 틈을 내어 흙을 밟아 보시기 바랍니다. 이런 깨달음이 틀림없이 올 것입니다.

아, 흙이 바로 나였구나! 아니, 내가 흙이었구나! 왜 그걸 모르고 살았단 말인가!

ⓒ 서정홍, 『농부시인의 행복론』, 녹색평론사, 2010.

작가 소개

서정홍

1996년 사람과 자연을 살리는 '생명공동체운동'에 첫발을 내딛었다. 지금은 합천 황매산 기슭 작은 산골 마을에서 농사지으며, 청소년과 함께하는 '담쟁이 인문학교'를 열어 이웃과 아이들과 함께 배우고 깨달으며 살아가고 있다. 지은 책으로 시집 『58년 개띠』, 산문집 『농부 시인의 행복론』, 『부끄럽지 않은 밥상』 도감 『농부가 심은 희망 씨앗』이 있다.

느낌들

영화 〈그래비티〉(2013)는 인공위성의 잔해와 부딪힌 우주탐사선에서 임무 수행 중이던 스톤박사가 지구로 귀환하기까지의 여정을 그린다. 중력과 소리가 없는 세상에서 주인공이 겪는 재난을 지켜보며 그녀가 무사히 지구에 도착했음을 알리는 순간, 그녀의 얼굴은 땅에 처박혀 있었다. 평생을 흙과 함께 살아온 시인의 사랑은 과하다 싶을 정도로 식당 주인을 타박하고 있으나, 우리가 땅이라는 존재에서 느끼는 안도감의 정체가 결국 두 발로 딛고 설 수 있는 지구, 거대한 땅덩어리임을 부인하기는 힘들다. 우리의 여정도 언젠가 땅에 묻혀 먼지로 사라지게 된다는 점을 떠올린다면 농사란 먹거리를 키우는 일이 아니라 우리의 안식처를 보듬는 일이라는 데 생각이 미친다.

그들에게 삶을 돌려주는 일
유기동물 보호와 동물의 권리

이정숙

한 달 전 유기견 보호소에서 개 한 마리를 입양했다. 마산에 있는 보호소에서 데려왔다고 하니, 다들 왜 하필 그 먼 데서냐고 묻는다. 후원하고 있는 보호소 세 군데 중 마산보호소발 안락사 공고가 급하게 떴기 때문이라고 답하면, 이번엔 안락사 공고가 어떻게 나는지 방식을 묻게 마련이다. 안락사 공고의 기준은 따로 없다. 구조 직후 열흘간의 법적 공고기간이 끝나면 입양을 전제로 일정 기간 보호소에서 맡아준다. 그러나 보호소 공간, 즉 케이지에 여유가 없으면 안락사 결정이 내려지고, 들어온 순서대로 생을 마감하게 된다. 제주도나 경기도에 있는 보호소는 아직 케이지가 다

차지 않았는데, 마산의 유기견 보호소의 경우 최근 어린 강아지들이 대거 입소하는 바람에 먼저 안락사 공고가 난 것이다.

나의 가족이 된 이 개는 안락사당할 뻔했지만 겨우 1년 7개월의 생을 살았을 뿐이다. 강아지 때 맡겨져서 '뜬장'이라고 하는 철장에 갇혀 살면서 일주일에 단 7분간 바깥 산책을 할 수 있었다고 한다. 마산에서 오전에 출발한 차는 서울까지 오는 동안 서너 군데에 다른 입양견을 데려다주고 오느라 밤늦게 도착했다. 개를 데리고 온 봉사자가, "개가 종일 멀미를 해서 침을 많이 흘렸어요"라고 알려주었다. 개의 배에는 입양 결정 후에야 비로소 해서 보낸 모양인지 중성화수술 부위가 미처 아물지 않아 반창고가 붙어 있었다. 개는 처음 3일간은 전혀 짖지 않았다.

돌봄이 없으면 동물은 죽는다

다큐 형식을 빌린 일본 영화 〈개에게 처음 이름을 지어준 날〉에는 후쿠시마 제1원전 접근제한구역 부근에 버려진 동물을 구조하는 나카타니 무라이 씨가 등장한다(2011년 동일본대지진 당시 일본 정부는 지진 이틀 만에 피난지시구역에 가축 안락사 명령을 내린 바 있다). "아, 살아 있었어!" "혼자서 잘 견뎌냈구나!" 그녀는 개와 고양이를 발견하고 눈을 맞추고 구조 가능 여부를 확신하고는 엉엉 울면서 구조를 한다. 거기에는 구유에 묶인 채 버려진 젖소들도 있다.

물과 건초를 양껏 줘보지만 이미 먹지 못하는 소들도 있다.

인간이 개입하고 나면 동물은 자신의 삶에서 아무런 결정권이 없어진다. 먹고 기다리고 외출하고 살고 죽는 모든 일이 인간의 선택으로 결정된다. 그러니 아동이 대개 그런 것처럼 동물은 학대가 쉽사리 이루어지는 대상이 된다. 이 세상에서 유일하게 합법화된 폭력이라고 할 수 있는 국가폭력의 힘으로 동물학대가 제도적으로 정당화되기도 한다. 구제역이 돌았을 때 행해졌던 어마어마한 규모의 생매장 현장을 상상해 보라. 식용을 위한 도축지 반경 수 킬로미터 밖에까지 풍기는 피비린내를 상상해도 좋다. 거기 개입된 인간의 도덕적 딜레마와 그 결과 산출되는 감정적·정신적 고통은 그것을 경험하는 개별 인간의 오롯한 몫일 뿐 아니라, 인간 종에 대한 불신과 혐오를 남긴다.

고양이

길고양이를 돌보는 캣맘들에게 11월은 고양이 범백의 계절이다. (범백은 범백혈구감소증의 줄임말로 파보바이러스가 원인이 된 구토와 설사를 동반하는 장염의 일종인데, 저체온증에 취약한 아기 고양이가 걸리면 치사율이 매우 높다고 알려져 있다.) 늦봄의 수태로 여름에 태어난 아기 고양이로서는 처음 맞는 겨울을 이기지 못하고 전염병으로 죽는 것이다. 해마다 11월에 서리가 내릴 때쯤 아기 고양이가 자주 발견된다. 재작년 11월처럼 지난 11월에도 아기 고양이를 구조했지만, 살리지 못했다. 며칠씩 갖은 애를 썼지만 비탄만이 남았다. 재작년의 실패로 올해는 병원에 전적으로 맡긴 것이 패인이었다. 병원에 맡긴다고 모든 것을 해결해주지 않는다. 사람의 입장이 아니라 고양이의 입장에서, 어떻게든 살리겠다는 마음으로 최대한 천천히, 조심스럽게 접근했어야 했다는 후회와 슬픔이 시간이 지나도 사그라지지 않는다.

길고양이를 처음 입양하던 2011년 가을 무렵 포털의 한 고양이 카페에 가입할 때 보니 회원 수가 30만이었다. 눈을 의심하면서 0의 개수를 다시 셌던 생각이 난다. 지금은 50만이 됐고, 유사한 카페만도 여러 개다. 2017년 5월 기준 반려동물 보유자는 1천만 명을 넘어섰다지만, 그럼에도 고양이는 아무리 구조해도 끝이 없는 것처럼 느껴진다.

방생의 윤리

동물은 쥐잡이용 고양이나 젖소처럼 때로는 인간 살림살이의 특정한 목적을 위해서 선택되기도 하지만, 대개 동물은 아무것도 인간에게 되돌려줄 것이 없다. 아무것도 내줄 것이 없는 동물에게 생을 오롯이 돌려주려는 행위. '방생'의 윤리는 여기 있는 것 같다. 후쿠시마에서 자신이 구하지 못한 동물도 많다고 울먹이면서 "그런 죽음조차 의미 있게 만드는 게 우리가 할 일이라고 생각해요"라고 말했을 때, 무라이 씨는 방생의 진정한 의미에 대해서 말하고 있었다고 생각한다. 그런 점에서 '방생'은 종교의 상징적 차원에서만 행해져서는 안 될 것 같다. 공간이 부족하다고, 예산이 부족하다고 멀쩡한 생명에게 가해지는 '살처분'을 방관하는 것은 자비의 임무가 아닐 것이다. 보호소 동물들의 표정이 어두운 데는 이유가 있다. 방생이라면, 생이 생다워야 하지 않을까.

그래서 동물 입장에서 동물 권리를 생각하는 사람들은 까다롭고 신중하게 입양 보호자를 선택해야 한다고 믿는다. 거기 더해 유기동물 보호 운동가들은 한결같이 펫샵에서 돈을 주고 개나 고양이를 사지 말라고 권유한다. 동물이 처한 현실에 대해 좀 더 배우고 싶다면, 동물과 함께 생을 누릴 방생의 법을 한 수 배우고 싶다면, 15분 분량인 강형욱의 〈세바시〉 강연을 검색해 보기를 권한다. 평온한 얼굴로 동화구연 어법으로 말을 걸어오는 길지 않은 시간 동안에도 동물의 고통과 잔인한 인간의 속성에 두어 번 정도 비디오를 멈추게 된다. 그 멈춤의 시간을 거쳐 깨닫는다. 피터 싱어가 말했듯, 동물해방은 인간해방이기도 하다는 사실을.

ⓒ 이정숙, 「그들에게 삶을 돌려주는 일 : 유기동물 보호와 동물의 권리」, 〈창비주간논평〉, 2018.1.10.

작가 소개

이정숙

한국과 세계의 작가들을 탐색하는 삶을 살고 있다. 1970년대 한국 현대소설이 다룬 가난과 감정의 역사에 대해 박사학위 논문을 썼다. 자연과 공존하는 삶을 꿈꾸지만 도시에서 살며 길고양이들을 통해 자연과 접속하는 어려움을 겪고 있다.

느낌들

'포인핸드'라는 어플리케이션이 있다. 이 어플은 전국 유기동물 보호소에 보호하고 있는 동물들의 정보를 실시간으로 제공해준다. 포인핸드의 게시판에는 반려동물을 잃어버린 사람, 반려동물을 입양하려는 사람의 사연으로 가득하다. 포인핸드에서 알려주는 '오늘의 유기동물 입양률과 안락사율'을 보면 냉탕과 온탕을 오가는 기분이다. 동물을 유기하는 사람만큼 버려진 동물을 거두는 사람도 많다는 사실은 희망적인 걸까, 절망적인 걸까. 마하트마 간디는 생전에 "한 국가의 위대함과 도덕적 진보는 동물을 대하는 태도로 판단할 수 있다"라고 말했다. 반려동물 양육인구 1000만 시대, 그러나 반려동물을 개인 소유의 '물건'으로 규정하고 있는 현행법은 우리 사회의 도덕적 진보에 대해 깊이 고민하게 한다.

게릴라 가드닝,
도시를 푸르게 바꾸는 혁명

오경아

국민 1인당 가장 넓은 면적의 정원을 소유하고 있다는 영국에서 조차 해마다 신문에서 도시 속의 정원이 점점 사라지고 있다고 걱정을 한다. 그러나 도시 속에서 정원을 찾아보기 힘들어진 것은 영국만의 일은 아니다. 우리의 경우 주거의 형태가 전통적인 가옥에서 공동주택으로 대부분 변해버렸고, 이런 상황 속에서 개인이 소유한 정원을 기대하기란 말 그대로 하늘의 별 따기가 돼버린 상황이다. 그렇다면 정원은 정말 이렇게 사라져버리고 마는 것일까? 아니면 혹시 지금까지와는 다른 어떤 형태로 정원이 진화하고 있는 중은 아닐까?

리즈 크리스티와 그린 게릴라, 그들이 벌인 작은 전쟁

'게릴라Guerrilla'라는 말은 우리에게 익숙한 용어다. 스페인어로 게릴라는 '작은 전쟁Little war'이라는 의미다. 1516년 스페인은 페르시아로부터 침략을 당하자 정식 군인이 아닌 농부들과 주민들이 작은 조직을 구성해 페르시아의 대군과 맞서 싸웠다. 이때 대규모의 군대가 전면적으로 나서는 것이 아니라 소규모의 인원으로 치르는 전쟁이라는 뜻으로 게릴라라는 말이 처음으로 등장했다.

이후 스페인은 다시 프랑스의 나폴레옹이 이끄는 군대에 침략을 당했는데, 이때도 그들은 전면전이 아니라 게릴라 전투를 펼쳤고, 이후 '게릴라'라는 말이 군사 혹은 전쟁 용어로 자리 잡게 되었다.

그렇다면 전쟁 용어인 게릴라가 어떻게 정원과 연관을 맺게 되었을까? 1970년 미국 뉴욕, 휴스턴 거리의 한 공터에서 한밤중에 모종의 일이 진행되었다. 이들은 예술가 리즈 크리스티Liz Christy가 주축이 되어 모인 친구들로, 자신들을 '그린 게릴라Green Guerrillas'라 칭하며 지저분한 공터의 쓰레기를 치워버리고 꽃밭을 만들었다.

다음날, 뉴욕의 시민들은 쓰레기로 가득했던 빈터가 현란한 꽃밭으로 변해 있는 모습을 놀라워하며 반겼지만, 리즈와 그의 친구들은 땅 주인으로부터 '불법 침입'이라는 이유로 소송을 당하고 말았다. 이에 리즈는 다시 땅의 주인을 상대로 '아무리 자신의 땅이라 할지라도 이웃에게 불편을 끼치고 관리를 하지 않은 채 방치하는 것은 땅에 대한 권리가 없다'는 취지의 역소송을 진행한다.

이 소송은 무려 7년 동안이나 지속됐는데, 〈뉴욕타임즈〉가 이 이상한 소송에 대해 대대적으로 보도를 하면서 리즈와 그의 친구들이 벌인 그린 게릴라 운동은 많은 사람들의 관심을 받게 된다. 결국 소송은 뉴욕 시에서 이 땅을 사들여 공공을 위한 공원으로 만들어주는 것으로 일단락이 났고, 이후 리즈의 사례는 세계적으로 '게릴라 가드닝'이라는 용어와 운동을 확산시키는 계기가 되었다.

왜 그들은 꽃을 들고 싸울까?

게릴라 가드닝은 말하자면 남의 땅을 허락을 구하지 않고 불법으로 점유한 뒤, 그곳을 정원으로 꾸미는 행위를 말한다. 그렇다면 이 게릴라 가드닝은 누가, 어떤 목적으로, 어디에 행하고 있을까?

우선 전 세계에 게릴라 가드닝 단체가 운영 중에 있다. 이미 한국에도 몇 차례 활동이 있었던 것으로 알려져 있는데, 이 단체는 자원봉사자로 구성돼 있지만 서로의 존재를 알리지 않기 때문에 회원의 수나 신상을 알기는 어렵다. 다만 이들은 자신들이 살고 있는 지역을 중심으로 게릴라 가드닝이 필요하다고 생각되는 지역을 추천하고, 추천을 받은 조직은 심사를 통해 어느 날, 몇 시,

포천시에서 활동하며 지역사회 내 방치된 땅을 아름답게 가꾸는 포천마스터가드너(사진 제공: 경기도청 농업지원과 도시농업팀)

어느 장소에서 게릴라 가드닝이 진행된다는 것을 공지한 뒤 참여할 수 있는 자원봉사자를 모집한다.

이들이 이런 활동을 하는 주된 목적은 땅에 대한 올바른 관리를 촉구하기 위해서다. 땅이 비어 있는 상태로 오랜 시간 동안 방치될 경우, 대부분은 지저분한 쓰레기가 모이거나 혹은 탈선 행위가 일어나는 장소로 변질되는 경우가 많다. 그린 게릴라들은 이곳을 깨끗이 치우고 꽃을 통해 경각심을 심어주면서 땅 주인에게 강력한 메시지를 전달하는 셈이다.

게릴라 가드닝의 장소는 개인 혹은 국가 소유의 땅 모두가 대상이 된다. 최근에는 사람들이 습관적으로 쓰레기를 버리곤 하는 고속도로 주변도 게릴라 가드닝의 주요 타깃이 되고 있다. 또 상가 주변 지역, 상습적으로 주민들이 쓰레기를 내다 버리는 장소에서도 게릴라 가드닝이 일어나고 있다.

게릴라 가드닝의 종류

버려진 땅, 관리가 소홀한 땅을 대상으로 게릴라 가드닝이 일어나지만, 그 형태는 크게 두 가지로 구별된다. 먼저 미관상 지저분해 보이는 장소를 아름답게 변화시키기 위해 꽃을 위주로 정원이 만들어지는 경우가 있고, 채소와 허브 등을 심어 텃밭으로 변화시키는 사례도 있다. 그러나 이 두 경우 모두 지속적인 정원의 유지와 관리에 초점을 맞추지는 않는다. 앞서 언급한 것처럼, 땅을 잘 관리하지 못하고 있는 개인 소유자나 국가, 지방정부에 메시지를 전달하는 데 목적이 있기 때문에, 이들은 주로 값비싼 다년생식물을 쓰기보다는 가격이 저렴하면서도 큰 꽃이 피어 눈길을 끌 수 있는 일년생 초화식물과 채소류를 이용한다.

게릴라 가드닝의 역사를 살펴보면 영국의 경우 18세기, 한 농부가 버려진 땅을 점유해 사과나무를 심고 그곳에서 사과를 수확하는 이른바 농사 행위를 하기도 했다. 이는 지금도 전통적으로 또 지속적으로 이뤄지고 있는 행위이지만, 이 경우 대다수가 농사 수확을 목적으로 하는 불법 상업행위로 간주되기 때문에 게릴라 가드닝의 범주에서 벗어나는 것으로 보기도 한다.

🌢 게릴라 가드닝, 어떻게 관리되나

게릴라 가드닝은 일회성으로 일어나기 때문에 운동이 일어난 뒤, 지속적인 방문을 통해 관리를 실시하지는 않는다. 때문에 대부분 꾸준하게 물을 줘야 하는 재배종의 식물보다는 씨앗이 해마다 스스로 발아할 수 있는 수종이나 산야에서 자연스럽게 자랄 수 있는 종을 선호한다.

그러나 뉴욕의 리즈 크리스티가 그랬던 것처럼, 그 지역에 거주하는 주민들이 힘을 합쳐 게릴라 가드닝을 일으킨 뒤 지속적으로 그곳을 관리하는 사례도 많다.

🌢 게릴라 가드닝은 새로운 형태의 정원이 될 수 있을까?

게릴라 가드닝이 새로운 형태의 정원이 될 수 있을까? 이 부분에 대해서는 아직까지 논란의 소지가 많다. 대부분은 일회성으로 일어나는 데다 꾸준한 사후 관리가 어렵기 때문에 정원의 새로운 형태로 보기 어렵다는 의견도 강하다.

그러나 게릴라 가드닝을 통해 얻을 수 있는 효과는 매우 크다. 우선 개인이 도심 속에서 정원을 갖는 일이 갈수록 줄어드는 상황에서 버려진 땅을 이용해 식물을 심을 수 있고, 이를 통해 정원을 새롭게 창출할 수 있는 가능성이 무궁무진하기 때문이다. 또 사후 관리의 측면은 빈약할지라도 게릴라 가드닝을 통해 도시의 미관에 변화를 줄 수 있는 효과도 매우 크다. 특히 우범화되거나 쓰레기 더미로 변할 수 있는 환경을 정원으로 바꾸는 계기가 마련되고, 이로 인해 지역 주민이나 지방자치단체에 의해 지속적으로 관리됨으로써 정원으로서의 기능을 갖게 될 가능성이 많은 점도 주목할 만하다.

게릴라 가드닝은 반드시 단체에 소속되어야만 실행할 수 있는 것은 아니다. 전 세계적으로 아무런 소속이 없이도 개인이 버려진 땅이나 관리가 소홀한 땅에 씨앗을 뿌리거나 식물을 심어 환경을 변화시키는 사례가 꾸준히 증가하고 있다. 게릴라 가드닝을 통해 우리가 사는 주변 환경을 돌아보고, 더 나은 환경을 만들기 위한 노력이 촉구되는 지점이다.

ⓒ 오경아, 「정원이 정말 사라지고 있을까_게릴라 가드닝」, 〈네이버캐스트〉, 2014.5.1.

작가 소개

오경아

2005년부터 7년 동안 영국에서 유학하며 조경학을 공부했다. 한국으로 돌아와 정원설계회사 오가든스를 설립하고 가든 디자이너로 활동 중이며, 속초에 있는 '오경아의 정원학교'를 통해 일반인들도 쉽게 배울 수 있는 가드닝과 가든 디자인 강좌를 선보이고 있다. 저서로는 『정원의 발견』, 『가든 디자인의 발견』, 『정원생활자』 등이 있다.

느낌들

프랑스 사진작가 마르크 리부의 작품 〈꽃을 든 여인〉은 시위에서 마주선 군경과 여성을 찍은 것이다. 군인의 총검 앞에 꽃을 내민 여성이 담긴 이 사진은 반전과 평황의 상징이 되었다. 꽃의 아름다움과 나무와 풀의 고요함은 우리 모두에게 평화를 선사한다. 보도블럭 사이를 비집고 피어나온 노란 꽃, 고속도로의 먼지를 뒤집어 쓴 방음벽을 힘차게 오르는 덩굴을 보면 괜스레 미안해지면서도 응원해지고 싶은 이유도 그들에게서 선물받은 평화로움 때문일 것이다. 도시에 살고 있는 식물들은 더 좋은 대접을 받아야 할 것 같다. 세상에서 가장 평화로운 각개전투, 게릴라 가드닝이 널리 퍼지길 바란다.

빗물 박사님이 꿈꾸는 행복한 세상

한무영

에코주니어

한무영

서울대학교 건설환경공학부 교수. 빗물의 가치를 전파하기 위해 서울대학교 빗물연구센터를 비롯한 다양한 학회에서 활동하고 있다. 빗물 연구 공로를 인정받아 2005년 세계환경공학과학교수협의회(AEESP) 최우수논문상, '기후변화 적응을 위한 레인시티의 확산' 프로젝트로 2010년 국제물학회(IWA) 창의혁신프로젝트상을 받았다. 저서로는 『한무영 교수가 들려주는 빗물의 비밀』, 『빗물탐구생활』 등이 있다.

"수많은 알 수 없는 길 속에 희미한 빛을 난 쫓아가. 언제까지라도 함께하는 거야. 다시 만난 나의 세계." 소녀시대는 노래했다. 우리는 앞으로 우리가 어떤 길을 걸어가야 할지 잘 알지 못한다. 하지만 어떤 방향으로 가고 싶은지는 안다. 우리가 꿈꾸는 길을 걷고 계신 분이 있다. 사람들에게 빗물의 가치를 일깨우시는 분, 한무영 교수님! 모두가 행복한 '비雨 해피'한 세상으로 가는 길을 교수님과 함께 걸어 보았다.

인터뷰 및 정리 : 김포 풍무고등학교 이해성, 김소연, 이의중, 남윤정, 강지윤 (지도 교사 이소영)

🔊 친구들, 반가워요. 여러분은 비 오는 날을 좋아하나요? 요즘 사람들은 빗물이 몸에 나쁘다고 생각해서 재빨리 비를 피하죠. 하지만 땅에 떨어지기 직전의 빗물은 매우 깨끗한 물이에요. 그냥 흘려보내면 흙탕물이 될 수 있지만요. 나는 이 깨끗한 빗물을 어떻게 하면 효율적으로 많이 모을 수 있는지, 어떻게 하면 마실 수 있는지, 어떻게 하면 에너지로 쓸 수 있을지 연구하고 있어요. 빗물에 대한 사람들의 안 좋은 인식을 바꾸기 위해 노력하고 있지요.

🔊 교수님께선 원래 상하수도 처리 전문가셨는데 어떤 계기로 빗물에 관심을 갖게 되셨나요?

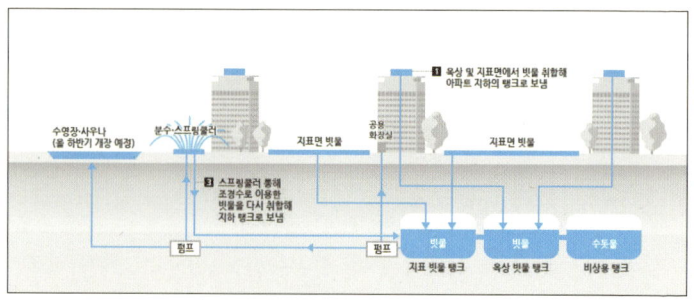

스타시티 빗물 이용도

🔊 2000년 봄에 우리나라에 아주 큰 가뭄이 왔죠. 사람들이 내게 찾아와 어떻게 해야 할지 묻는데 아무 말도 할 수가 없었어요. 그때부터 빗물에 관심이 생겼어요. 상하수도 처리 전문가는 '똥물'도 맑게 되돌릴 수 있어요. 빗물이 더러우면 얼마나 더러울까 싶었지요.

사람들이 빗물을 더럽다고 생각하는 이유는 두 가지예요. 첫째는 잘 몰라서, 그리고 둘째는 상수도 관련자들이 '빗물은 산성비고 더럽다'라는 잘못된 소문을 퍼뜨렸기 때문이에요.

빗물은 평등한 자원이잖아요. 세상 누구에게나 공평한 자연의 혜택이죠. 문제는 그것의 활용 방법이에요. "뭉치면 살고 흩어지면 죽는다"는 말처럼, 흩어져서 힘이 없어진 것을 모으기만 하면 강력한 자원이 돼요. 비로소 빗물의 가치를 깨달은 거죠.

자, 다음은 빗물의 위대함을 깨달은 뒤 얻은 첫 사회적 성과물을 보러 갑시다. 서울 건국대 앞 스타시티 건물로 함께 가 볼까요?

🔊 영화관도 있고 대형마트도 있는 이 주상복합건물에서 쓰는 물은 모두 빗물이에요. 옥상과 땅에 스민 빗물을 지하 저수조에 모은 뒤 정화하여 필터로 이물질과 침전물을 분리해 화장실에서도 쓰고 식물을 가꾸는 데에도 써요. 1천 톤씩 총 3개 저수조가 있는데 각각 소방용, 조경용수용, 단수 대비용으로 나눠죠. 1천 톤이면 스타시티의 모든 화장실에서 한 달 동안 사용할 수 있는 많은 양이랍니다.

난 빗물을 연구할 때 항상 한국인의 정신, 홍익인간을 생각해요. 어떻게 하면 사람들이 널리 이로울지 말이에요. 건대 인근 자양동은 상습침수지역인데, 이 지역에 빗물을 모아서 홍수도 예방하고 수자원도 확보하자는 전략을 세운 거죠.

하지만 빗물을 받을 수 있는 지하 저수조가 있어야만 빗물을 활용할 수 있는 건 아니에요. 내가 일하고 있는 서울대 건설환경공학부 건물을 보면서 설명해 줄게요.

🔊 이 건물 옥상엔 텃밭이 있어요. 다른 텃밭과 달리 빗물을 모을 수 있도록 오목하게 만들었죠. 하루에 빗물 40밀리리터를 저장할 수 있어요.

콘크리트 건물 옥상에 정원을 설치하면 도시의 열을 식혀 줘요. 빗물로 텃밭을 가꾸고, 모은 빗물은 건물 청소하는 데 쓰면 그만큼 수돗물을 만드는 데 드는 전력 소비도 줄일 수 있어요. 또 수확한 채소도 이웃과 나눌 수 있으니 얼마나 좋아요? 이 건물 1층엔 빗물저금통도 있어요. 옥상정원에서 내려오는 빗물을 모으는 거죠. 이 물로 건물을 청소하고 식물을 키워요. 빗물저금통을 건물마다 두면 홍수를 막을 수 있죠. 예술적 감각을 발휘해 아름다운 조형물이나 분수로 만든다면 건물의 상징물이 될 거예요. 나는 빗물의 위대함을 과학적으로 증명해 가면서 빗물에 대한 사람들의 인식을 긍정적으로 바꿔 가는 것이 즐거워요.

빗물의 가치를 깨달은 사람들이 자기 집의 마당이나 지붕을 오목하게 만들고, 길거리도 가운데가 오목한 형태의 빗물저금통으로 만든다면? 레인 스쿨, 레인 빌딩, 레인 빌리지, 더 나아가 레인 시티가 생기겠지요?

🔊 교수님은 아프리카에 가서 빗물로 많은 사람들을 살렸다고 들었어요. 아프리카에서 인상 깊었던 일을 들려주세요.

🔊 탄자니아에서 흙탕물을 먹던 아이들이 간단한 장치로 깨끗한 식수를 얻는 걸 봤을 때 가슴이 벅찼어요. 빗물을 모아서 사용하는 방법을 알려 주니 매일 물을 길러 먼 거리를 다니던 아이들이 학교에 다닐 수 있게 됐어요. 나의 작은 기술이 한 마을을 행복하게 한다는 사실에 가슴이 뜨거웠습니다.

사실 공학자 대부분이 자기 업적에만 신경 써요. 자신이 하는 연구가 사회에 어떤 영향을 미치는지를 생각하지 않죠. 나도 논문을 여러 편 썼지만 그건 일부 전문가만 읽는 거예요. 사람들이 읽지 않는 논문을 위해 청춘을 바치느니 여러 생명을 살리는 연구를 하고 보람을 느끼며 살고 싶어요. 중요한 것은 무엇을 연구하느냐가 아니라 어떤 마음가짐을 가지고 연구하느냐는 것이에요.

🔊 저희들은 자신의 가치관을 세우는 교육을 받지 못하고 있어요. 특히 환경에 대한 교육은 거의 없다시피 해요. 저희가 환경을 위해 할 수 있는 일이 있을까요?

🔊 빗물 연구를 시작한 뒤 '내 평생 이 기술로 얼마나 많은 사람들을 살릴 수 있을까?' 생각했어요. 내 목표는 '빗물로 1천만 명 살리기'예요. 원래는 1백만 명이었는데 제자들이 절 도와주겠다며 0을 하나 더 붙이라고 하더군요. 친구들도 나를 많이 도와줘요. 작은 실천으로 많은 인류를 구할 수 있으니까요. 학교에서 빗물 활용 프로젝트를 해 보면 어떨까요? 캠페인도 좋고, 시장과의 대화도 좋아요. 청소년기부터 빗물의 중요성을 안다면 세상은 더욱 푸르게 바뀔 거예요.

중학교 2학년 국어 교과서에 「지구를 살리는 빗물」이라는 글이 있어요. 빗물에 대한 이야기가 쉽게 잘 나와 있으니 꼭 한번 읽어 보세요.

교수님의 말씀을 들으면서 우리에게 환경이란 과연 무엇일까 되뇌어 보았다. 지금까지는 그냥 '환경은 잘 보존해야 하는 것'이라고 막연하게만 생각해 왔던 것 같다. 내 힘으로 할 수 있는 일이 뭔지 깊게 고민하지도 않았고, 정부나 기업 또는 환경

단체들이 알아서 할 거라고 여기며 책임을 미뤘다. 하지만 인터뷰를 마치고 나니 우리들 하나하나가 모두 빗방울이라는 생각이 들었다. 작은 빗방울들이 모여 큰 강을 이루듯, 우리도 작은 노력들을 꾸준히 모아 나가야겠다.

ⓒ 에코주니어, 『그린 멘토, 미래의 나를 만나다』, 한국환경교사모임 기획, 뜨인돌, 2014.

작가 소개

한국환경교사모임

전국의 환경교사들이 2004년에 만든 단체. 학교에서의 보편적 환경교육을 통해 학생들에게 생태적 가치관과 지속가능사회를 위한 실천 의지를 심어 주는 것을 목적으로 한다. 2013년 환경부에 민간환경단체로 등록되었다.

에코주니어

한국환경교사모임 소속 학교 학생들로 구성된 대규모 개체군. 개인, 학교, 지역 그리고 전국 차원에서 다양한 환경탐구 활동을 벌이는 열혈 청소년들의 모임이다.

느낌들

물은 생명이 근원이지만, 식수를 구하기는 생각보다 어렵다. 수도꼭지만 틀면 마실 수 있는 나라는 많지 않다. 그런데 빗물만 잘 활용해도 생활용수나 농·공업 용수를 구하는 데 드는 시간과 비용을 줄일 수 있다. 환경에 대한 관심과 노력은 빗물을 그대로 흘려 보내지 않고 직접 활용하는 방법을 고민하는 데서부터 시작할 수도 있다. 하늘에서 떨어지는 빗물과 빗물이 모여든 강물은 삶의 원천이다. 인간에게 물이 얼마나 소중한 존재인지, 환경은 보호의 대상이 아니라 생존의 절대 조건임을 다시 깨닫게 된다.

미세먼지, 너 누구냐!

남준희·김민재

🌱 먼지보다 더 작은 먼지

햇살 좋은 날, 창가에 앉아 있으면 새어드는 햇빛 사이로 먼지가 떠다니는 게 보이곤 합니다. 이렇게 눈에 보이는 먼지는 우리에게 친숙한 존재입니다. 물론 먼지를 많이 마시면 바로 기침이 나고, 몸에 좋지 않다는 것도 경험을 통해 알고 있습니다. 그래서 먼지를 없애려 청소를 하면서 면 마스크를 쓰기도 하고, 갑자기 흙먼지가 일면 옷소매로 입과 코를 막기도 합니다.

얼마 전부터 미세먼지와 초미세먼지라는 말이 우리 일상으로 들어왔습니다. 이 작은 먼지는 눈에 보이지도 않는다고 합니다.

미세먼지가 건강에 나쁘다고 해서 마스크를 쓰려 해도, 예전에 쓰던 면 마스크로는 막을 수가 없습니다. 식품의약품안전처에서 주는 KF_{Korea Filter} 인증을 받은 마스크를 더 비싸게 주고 사서 써야 하니 답답하게 느껴집니다.

미세먼지와 초미세먼지가 갑자기 우리 일상 속으로 들어왔다고 느껴지는 게 이상한 일은 아닙니다. 한국에서 초미세먼지에 대한 대기환경기준이 시행된 게 불과 2015년의 일이니 말입니다. 이전에는 총먼지라고 해서 먼지 전체에 대해서 환경기준이 있었습니다. 미세먼지에 대한 기준은 1995년에 들어서야 만들어졌고, 2001년에 들어서야 총먼지 기준을 없애고 미세먼지를 주로 관리하기 시작했습니다. 더 작은 먼지가 위험하다는 게 널리 알려지고, 정부의 노력이 집중된 게 21세기 들어서입니다. 우리가 이제야 미세먼지와 초미세먼지를 심각하게 여기기 시작한 게 어떻게 보면 당연한 일입니다.

미세먼지와 초미세먼지의 가장 중요한 특성은 이들이 매우 작다는 겁니다. 보통 마스크로 막기 어렵고 건강에 매우 나쁜 미세먼지와 초미세먼지가 이제야 널리 알려지게 된 것도, 이들 먼지가 매우 작기 때문입니다. 그렇다면 미세먼지와 초미세먼지는 얼마나 작은 걸까요? 이렇게 작은 먼지는 어디서 어떻게 만들어지는 걸까요? 지금부터 이 의문을 같이 풀어나가려 합니다.

먼저 백사장의 모래에서부터 시작해봅시다. 백사장에서 본 고운 모래 한 알 한 알은 무척 작습니다. 이런 모래 한 알의 지름이 약 0.1밀리미터입니다. 정확히는 평균 90마이크로미터(=0.09밀리미터)라고 합니다. 마이크로미터(㎛)는 일상에서 친숙하지 않은 단위입니다만, 모래알부터 시작해서 천천히 들어가 보겠습니다. 참고로 우리 머리카락의 지름이 50~70마이크로미터라고 합니다.

이제 손에 쥔 모래알을 떨어뜨려 봅시다. 보통 바람이 강하게 불지 않는 이상 모래는 바로 바닥으로 떨어집니다. 먼지처럼 날아다니려면 좀 더 가볍고 작아야 합니다. 물론 무게에 따라 1,000마이크로미터(1밀리미터)의 지름을 가진 먼지도 있지만, 보통 50~70마이크로미터보다 크면 바로 가라앉습니다. 봄철에 하늘을 떠다니는 꽃가루도 15~75마이크로미터 정도의 크기입니다. 예전에 총먼지 기준이 있을 때에는 총먼지를 50마이크로미터 이하의 크기를 가진 입자로 정하기도 했습니다.

총먼지를 규제한 이후 점차 작은 먼지일수록 건강에 더 나쁘다는 게 여러 연구를 통해 알려지기 시작했습니다. 보통 지름이 10마이크로미터보다 큰 먼지는 건강에 대한 영향은 크지 않다는 게 밝혀진 것입니다. 이보다 작은 먼지를 분류할 필요가 생기자 지름 10마이크로미터 이하의 먼지를 'PM10' 혹은 미세먼지라고 부르게 되었습니다.

이후 계속되는 연구들이 더 작은 먼지가 더 나쁘다는 걸 밝혀내면서 10마이크로미터보다 더 작은 지름을 가진 먼지도 분류되기 시작했습니다. 지름 2.5마이크로미터 이하는 미세먼지와는 별도로 분류해 'PM2.5' 혹은 '초미세먼지'라고 부릅니다. 최근에는 극미세먼지PM0.1나 나노먼지PM0.05로까지 분류하기 시작했습니다. 나노먼지는 지름이 50나노미터(0.05마이크로미터) 이하이니 나노먼지라 불릴 만합니다.

그렇다면 미세먼지나 초미세먼지는 지름 50마이크로미터의 먼지보다 5분의 1 혹은 20분의 1 정도 작은 걸까요? 아닙니다. 답부터 말하자면 지름 50마이크로미터의 먼지에 비해 미세먼지는 100분의 1, 초미세먼지는 10,000분의 1 수준으로 작다고 생각해야 합니다. 이는 먼지 알갱이가 공과 같이 부피를 가진 입자 덩어리이기 때문입니다. 지름이 10배 차이 나면 부피는 그 세제곱인 1,000배 차이가 나기 때문입니다.

우리에게 친숙한 물건으로 바꾸어 말하면 조금 더 이해가 쉬울 것 같습니다. 큰 먼지가 승용차만 하다면, 초미세먼지는 그 옆에 놓인 야구공만 합니다. 나노먼지는 야구공 아래에 놓인 유리구슬 정도의 크기로 비유할 수 있습니다. 우리의 콧속에서 큰 먼지는 털을 통해 걸러집니다. 코와 목 안에 있는 점액에 잡히기도 합니다. 하지만 미세먼지, 초미세먼지, 나노먼지는 이런 방어망을 피해 몸 깊숙이 들어올 수 있습니다. 야구공이나 유리구슬이 작은 도랑이나 하수구 구멍에 빠지듯이 우리 몸속 깊숙이 침투할 수 있는 것입니다.

미세먼지는 어떻게 만들어지나

먼지는 자연적으로 발생하기도 합니다. 흙먼지나 황사처럼 흙, 모래가 바람에 날려서 먼지가 일기도 합니다. 꽃가루나 바다 소금 입자같이 주변 환경에 의해 생기는 먼지도 많습니다. 이런 먼지들은 대부분 그 입자 크기가 10마이크로미터 이상의 상대적으로 큰 먼지들입니다. 한편, 미세먼지나 초미세먼지는 대부분 인간의 활동으로 만들어집니다.

미세먼지와 초미세먼지가 생겨나는 원인에도 차이가 있습니다. 미세먼지는 주로 물체 간의 마찰로 인해 생겨나고, 무언가를 태울 때도 생깁니다. 제조업 공장에서 재료를 자르거나 가공하는 과정에서 생겨나는 먼지나, 자동차가 도로를 달리면서 바퀴가 마모되며 생겨나는 먼지들은 그 크기가 대부분 2.5마이크로미터 이상입니다. 나무를 태울 때 나오는 재도 이 정도 크기입니다.

초미세먼지는 이런 물리적인 마찰보다는 고압·고열에서 무언가를 태우거나, 화학적 반응으로 많이 생겨납니다. 예컨대 자동차

먼지와 미세먼지

대기환경보전법상 '먼지'는 '대기 중에 떠다니거나 흩날려 내려오는 입자상 물질'을 말합니다(제2조 정의 제6항). 여기서 '입자상물질'이란 '물질이 파쇄·선별·퇴적·이적移積될 때, 그 밖에 기계적으로 처리되거나 연소·합성·분해될 때에 발생하는 고체상固體狀 또는 액체상液體狀의 미세한 물질'을 말합니다(제2조 정의 제5항).

'미세먼지'란 말 그대로 미세한 물질로서 지름(직경)이 10㎛ 이하의 입자상물질을 일컬으며 'PM Particulate Matter 10'이라고도 부릅니다. 지름이 2.5㎛ 이하의 미세먼지를 따로 초미세먼지(PM2.5)로 부르기도 합니다.

2017년 3월, 환경부에서는 미세먼지(PM10)를 부유먼지로, 초미세먼지(PM2.5)를 미세먼지로 용어 변경을 추진한다고 발표하였습니다. 다른 나라와 용어 불일치가 있고, 정책 공조에 어려움이 있다는 게 주된 이유였습니다. 국내에서 이미 미세먼지와 초미세먼지 용어가 쓰인 지 오래되었고, 최근 몇 년간 언론 보도를 통해 시민들도 이 용어에 익숙해져 있습니다. 새로운 용어 도입이 혼란을 불러올 수 있습니다. 게다가 국제회의나 문서에서도 미세먼지나 초미세먼지가 아니라 PM10, PM2.5로 표기된다는 점에서 용어 불일치나 정책 공조의 어려움도 변경의 이유로 납득하기 어렵습니다.

정책 실패에 따른 시민들의 불신이 크고 미세먼지 고농도에 따른 불안이 커지고 있는 상황에서 용어를 바꾸겠다고 나서는 것은 고등어구이 소란처럼 여겨질 수 있지 않을까요? 미세먼지 정책을 다듬고 집행하는 데 전력을 다해야 할 때입니다.

는 주요한 초미세먼지 배출원입니다. 자동차에 장착된 내연기관인 엔진은 수백 도가 넘는 고온과 우리가 평소에 느끼는 대기압의 수십 배에 달하는 고압으로 휘발유나 경유를 태웁니다. 그 과정에서 질소산화물(NO_x)이나 황산화물(SO_x)과 함께 탄소입자(OC나 EC) 등등이 뿜어져 나옵니다. 이렇게 나온 질소산화물이나 황산화물 중 일부는 여러 과정을 거쳐 초미세먼지가 됩니다.

이렇게 인간의 활동에 의해 만들어지는 미세먼지와 초미세먼지에 대한 대책을 세우기 위해서는 정확히 어떤 분야에서 얼마나 만들어지는지를 알아야 합니다. 국립환경과학원에서는 이를 위해 매년 국가 대기오염물질 배출량을 조사해 보고서를 발표하고 있습니다. 가장 최근인 2015년 12월에 발표된 '2013 국가 대기오염물질 배출량'을 한번 살펴보겠습니다. [표1]은 미세먼지와 초미세먼지가 어디에서 발생하는 것인지를 보여주고 있습니다.

표에서 '도로이동오염원'은 도로 위로 이동하는 오염원으로, 내연기관이 달린 자동차를 말합니다. 우리가 타고 다니는 휘발유, 경유, 가스 승용차나 버스가 바로 도로이동오염원입니다. '비도로이동오염원'은 도로가 아닌 곳에서 이동하는 오염원으로서 자동차는 아니지만 내연기관이 달린 것으로, 철도·항공·선박·건설기계·농기계 등이 여기에 속합니다.

[표1] PM10과 PM2.5 배출원(2013년)

2013	PM10 배출량(톤)	PM10 비율(%)	PM2.5 배출량(톤)	PM2.5 비율(%)
에너지산업연소	4,524	3.7	3,573	4.7
비산업연소	1,955	1.6	1,226	1.6
제조업연소	81,014	66.6	41,606	54.2
생산공정	6,249	5.1	4,829	6.3
도로이동오염원	12,103	10.0	11,135	14.5
비도로이동오염원	15,167	12.5	13,953	18.2
폐기물처리	243	0.2	202	0.3
기타 면오염원	310	0.3	279	0.4
합계	121,563	100	76,802	100

출처: 국립환경과학원, 「2013 국가 대기오염물질 배출량」, 2015.12

    이외의 항목은 이름만 봐도 어느 정도 무엇인지 알 수 있으리라 생각합니다. 에너지산업연소는 석탄발전소와 같은 발전소를 일컫는 말입니다. 제조업연소와 생산공정은 제조업 공장에서 연료를 태우거나, 작업공정 중에 발생하는 배출을 뜻합니다. 폐기물처리는 쓰레기를 묻거나 태워 없애거나, 하수도로 흘러 들어온 폐수를 처리할 때 발생하는 배출을 포함하고 있습니다. 기타 면오염원에는 산불, 화재, 가축사육시설에 의한 배출이 들어가 있습니다.

    [표2]에서 가장 먼저 눈에 보이는 부분은 제조업연소가 차지하

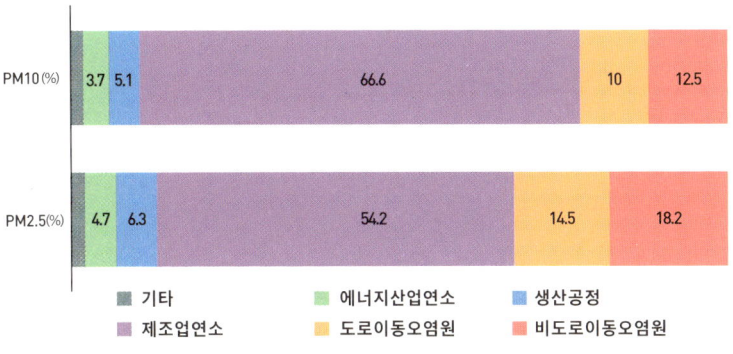

[표2] PM10과 PM2.5 배출원 비교(2013년)

　는 비중이 매우 크다는 점입니다. 미세먼지의 경우 3분의 2를, 초미세먼지의 경우 대략 절반 이상의 비중을 제조업연소가 차지하고 있습니다. 생산공정 또한 제조업 공장의 생산 과정에서 배출되는 양을 의미하니, 전국 곳곳의 공장에서 엄청난 양의 미세먼지가 배출되고 있는 걸 알 수 있습니다.

　다음으로 많은 비중을 차지하는 배출원은 도로 및 비도로이동오염원입니다. 이 두 배출원을 합쳐서 보면 미세먼지의 경우 약 22퍼센트, 초미세먼지의 약 33퍼센트의 비중을 차지하고 있습니다. 이는 미세먼지보다 건강에 더 나쁜 초미세먼지 관리에 있어 도로 및 비도로이동오염원에 대한 정책이 중요하다는 점을 시사합니다.

　여기서, 도로 및 비도로이동오염원이 배출하는 먼지를 무게

(톤)로만 보면, 미세먼지가 약 2만 7천 톤으로 약 2만 5천 톤인 초미세먼지에 비해 더 많습니다. 그러나 훨씬 가벼운 초미세먼지가 미세먼지와 비슷한 무게만큼 배출된다는 것은, 두 배출원에서 나오는 초미세먼지 입자의 수가 미세먼지 입자의 수보다 훨씬 많다는 점을 보여줍니다.

게다가 국립환경과학원 교통환경연구소의 실험 결과에 따르면 경유차 배기가스의 99퍼센트가 PM1.0보다 작은 입자입니다. 경유차에서 배출되는 입자들을 한 줄로 지름 크기 순으로 세웠을 때 한가운데 있는 입자의 지름, 즉 중간값이 0.08마이크로미터(80나노미터)라고 합니다. 이는 곧 경유차 배기가스의 대부분이 극미세먼지나 나노먼지라는 점을 말해줍니다.

에너지산업연소는 미세먼지와 초미세먼지 배출에 있어서는 각각 3.7퍼센트와 4.7퍼센트로 그렇게 커 보이지 않을 수 있습니다. 그러나 석탄발전소는 황산화물이나 질소산화물을 많이 내뿜습니다. 국가 전체 배출량에서 에너지산업연소가 황산화물의 경우 24.1퍼센트, 질소산화물의 경우 16.1퍼센트를 배출하고 있습니다. 이러한 물질은 여러 과정을 거쳐 초미세먼지를 만들어내기 때문에 석탄발전소 또한 초미세먼지 대책에서 중요합니다.

비산먼지(날림먼지)와 생물성 연소(숯가마, 직화구이 등) 또한 중요한 배출원입니다. 비산먼지와 생물성 연소는 아직 생겨나는 양을 정확히 알기가 어려워 위와 같은 공식 통계에서는 빼놓고 있습니다. 그렇다고 두 배출원이 우리 건강에 주는 영향이 적은 것은 아닙니다. 도시 안과 밖 곳곳에 펼쳐진 공사장에서 나오는 비산먼지와 자동차가 달리며 일어나는 도로 재비산먼지는 자동차 배기가스와 함께 우리가 생활 속에서 가장 밀접하게 접하는 배출원입니다. 게다가 그 양 또한 매우 많습니다. 미세먼지의 경우 제조업연소보다도 많고, 초미세먼지의 경우 비도로이동오염원보다도 더 많을 것으로 추정됩니다. 생물성 연소 또한 초미세먼지 배출원 중 하나이며 서울에서 약 4퍼센트, 전국적으로 12퍼센트 정도를 차지하고 있는 것으로 추정됩니다.

미세먼지를 발생원에 따라 구분하는 것 외에 발생과정을 통해 구분할 수도 있습니다. 제조업 공장의 굴뚝이나 차량 배기가스 등과 같은 1차 발생원에서 검댕과 같이 고체 상태로 나오는 미세먼지를 '1차 생성 먼지'라고 부릅니다. 1차 생성 먼지는 주로 유기탄소Organic Carbon나 원소탄소Elemental Carbon, 재, 중금속 등으로 이루어져 있습니다.

이와는 다르게 차량 배기가스의 질소산화물NOx 같은 가스 상태로 나온 물질이 수증기, 오존, 암모니아와 같은 다른 물질과 화학반응을 일으켜 미세먼지가 되는 경우를 '2차 생성 먼지'라고 합니다. 화학반응에 따른 미세먼지의 2차 생성이 중요한 이유는 이

[표3] 미세먼지 성분 구성

	황산염, 질산염 등	탄소류와 검댕	광물	기타	계
PM2.5	58.3%	16.8%	6.3%	18.6%	100%

출처: 환경부, 『바로 알면 보인다. 미세먼지, 도대체 뭘까?』 2016

러한 2차 생성으로 인한 초미세먼지PM2.5 발생량이 수도권의 경우 전체의 3분의 2에 이를 정도로 높기 때문입니다.

  2차 생성 미세먼지가 발생하는 과정은 매우 다양합니다. 먼저 자동차 배기가스와 주유소 유증기에서 배출된 휘발성 유기화합물VOCs이 오존O_3이나 수산기OH와 같이 반응성이 높은 물질과 만나 화학반응을 일으켜 2차 유기입자를 만들어냅니다. 질소산화물NOx은 높은 온도와 압력에서 발생합니다. 자동차 엔진과 같이 연료를 고온·고압에서 태우면 질소산화물이 많이 생겨납니다. 질소산화물이 대기 중 오존과 반응하여 질산이 생겨나고, 다시 암모니아와 반응해 2차 무기입자가 발생합니다. 아황산가스도 유사한 경로로 미세먼지를 만들어냅니다.

  미세먼지의 발생원을 보셨으니 미세먼지의 성분이 어떤 것인지 대강 짐작하셨을 것입니다. 미세먼지의 성분은 크게, 앞서 보여드린 2차 미세먼지(황산염, 질산염 등)와 탄소류와 검댕[1], 지표면

---

[1] 대기환경보전법상 '검댕'은 연소할 때에 생기는 유리 탄소가 응결하여 입자의 지름이 1마이크로미터 이상이 되는 입자상물질을 말합니다(제2조 정의 제8항). 검댕도 미세먼지의 일종입니다.

흙먼지에서 유래한 광물과 그 외 기타 등으로 구분됩니다. 그냥 흔히 생각하는 흙먼지와는 완전히 다릅니다.

ⓒ 남준희·김민재, 『굿바이! 미세먼지』, 한티재, 2017.

작가 소개

남준희

자동차 관련 사업을 하다가 2005년에 수도권 미세먼지 저감 대책과 관련해 경유차 조기폐차에 대한 자문으로 관여했다. 자동차의 생산자책임재활용제도(EPR) 강화, 매연저감장치 반납 의무화, 노후경유차 운행제한(LEZ) 도입 등에 대해 법 개정을 이끌고 관련 용역업을 하면서 미세먼지 저감을 위해 역할을 하였다.

김민재

대학 때부터 평소에는 공부하고 방학 때는 현장 활동을 다니며 DMZ 인근부터 새만금, 낙동강, 제주도까지 여러 장소의 사람들 이야기를 보고 들었다. 사회학을 전공하며 경주 방폐장을 사례로 기술적·전문적 사안에서 시민 참여란 어떤 것이어야 하는지에 대해 석사논문을 썼다.

느낌들

이제 물을 사먹는 것이 당연한 시대다. 대한민국에 생수 시판이 허용된 것은 1994년이었다. 불과 20여 년 전 일. 언젠가 우리는 공상과학영화에 나오는 장면처럼 산소마스크를 쓰고 다니며 공기를 구매해서 숨을 쉬어야 하는 미래를 만날지도 모를 일이다. 몇 년 전부터 미세먼지와 초미세먼지가 일상생활 깊숙이 침투했다. 공기청정기가 불티나게 팔리고 마스크는 외출 필수품이 되었다. 물과 공기가 오염된 원인은 '인간'이다. "미세먼지나 초미세먼지는 대부분 인간의 활동으로 만들어집니다"라는 말이 폐부를 찌른다.

소음공해

오정희

집에 돌아오자마자, 뜨거운 물로 샤워를 하고 실내복으로 갈아입었다. 목요일, 심신 장애인 시설에서 자원 봉사자로 일하는 날은 몸이 젖은 솜처럼 무겁고 피곤하다. 그래도 뇌성마비나 선천적 기능 장애로 사지가 뒤틀리고 정신마저 온전치 못한 아이들을 씻기고 함께 놀이를 하고 휠체어를 밀어 산책을 시키는 등 시중을 들다 보면, 나를 요구하는 곳에서 시간과 힘을 내어 일한다는 뿌듯함이 있다. 고등학생인 두 아들은 아침에 도시락을 두 개씩 싸 들고 갔으니 밤 11시나 되어야 올 것이고, 남편은 3박 4일의 출장 중이니 날이 저물어도 서두를 일이 없다. 더욱이 나는 한나절 심신이 지치게 일을 한 뒤라 당당히 휴식을 즐길 권리가 있다. 아이들이 올 때까지의 서너 시간은 오로지 내 시간인 것이다. 아이들은 머리가 커져 치마폭에 감기거나 귀찮게 치대는 일이 없이 "다녀왔습니다." 한마디로 문 닫고 제 방에 들어앉게 마련이지만, 가족들이 집에 있을 때에는 아무리 거실이나 방에 혼자 있어도 혼자 있다는 기분을 갖기 어려웠다. 사방 문 열린 방에서 두 손 모아 쥐고 전전긍긍 24시간 대기하고 있는 형국이었다.

  거실 탁자의 갓등을 켜고 커피를 진하게 끓여 마시며 슈베르트의 아르페지오네 소나타를 틀었다. 첼로의 감미로운 선율이 흐르고, 나는 어슴푸레하고 아득한 공간, 먼 옛날로 돌아가는 듯한 기분에 잠겨 들었다. 몽상과 시와 꿈과 불투명한 미래가 약간은 불안하게, 그러나 기대와 신비한 예감으로 존재하던 시절, 내가 이러한 모습으로 살아가리라는 것은 상상할 수도 없었던 시절로……. 사람이 단돈 몇 푼 잃는 것은 금세 알아도 본질적인 것을 잃어 가는 것에는 무감하다던가? "드르륵드르륵." 눈을 감고 하염없이 소나타의 음률에 따라 흐르던 나는 그 감미롭고 슬픔에 찬 흐름을 압도하며 끼어든 불청객에 사납게 눈을 치떴다. 무거운 수레를 끄는 듯 둔탁한 그 소리는 중년 여자의 부질없는 회한과 감상을 비웃듯 천장 위에서 쉼 없이 들려왔다. 십 분, 이십 분, 초침까지 헤아리며 천장을 노려보다가 나는 신경질적으로 전축을 껐다. 그 사실적이고 무지한 소리에 피아노와 첼로의 멜로디는 이미 소음에 지나지 않았다.

하루 이틀의 일이 아니었다. 위층 주인이 바뀐 이래 한 달 전부터 나는 그 정체 모를 소리에 밤낮없이 시달려 왔다. 진공청소기 소리인가? 운동 기구를 들여놓았나? 가내 공장을 차렸나? 식구들마다 온갖 추측을 해 보았으나 도시 알 수 없는 일이었다.

"도깨비가 사나 봐요. 롤러스케이트를 타는 도깨비."

아들 녀석이 머리에 뿔을 만들어 보이며 처음에는 시시덕거렸으나, 자정 넘도록 들려오는 그 소리에 나중에는 짜증을 내기 시작했다. 좀체 남의 험구를 하지 않는 남편도

"한 지붕 아래 함께 못 살 사람들이군."

하는 말로 공동생활의 기본적인 수칙을 모르는 이웃을 나무랐다.

일주일을 참다가 나는 인터폰을 들었다. 인터폰으로 직접 위층을 부르거나 면대하지 않고 경비원을 통해 이쪽 의사를 전달하는 간접적인 방법을 택하는 것은 나로서는 자신의 품위와 상대방에 대한 예절을 지키기 위해서였던 것이다. 나는 자주 경비실에 전화를 걸어, 한밤중에 조심성 없이 화장실 물을 내리는 옆집이나 때 없이 두들겨 대는 피아노 소리, 자정 넘어까지 조명등 켜들고 비디오 찍어 가며 고래고래 악을 써 삼동에 잠을 깨우는 함진아비의 행태 따위가 얼마나 교양 없고 몰상식한 짓인가, 소음 공해

와 공동생활의 수칙에 대해 주의를 줄 것을 선의의 피해자들을 대변해서 말하곤 했었다.

위층의 소리는 멈추지 않았다. 드르륵거리는 소리에 머리털이 진저리를 치며 곤두서는 것 같았다. 철없고 상식 없는 요즘 젊은 엄마들이 아이들에게 집 안에서 자전거나 스케이트보드 따위를 타게도 한다는데, 아무래도 그런 것 같았다. 인터폰의 수화기를 들자, 경비원의 응답이 들렸다. 내 목소리를 알아채자마자 길게 말꼬리를 늘이며 지레 짚었다. 귀찮고 성가셔하는 표정이 눈앞에 역력히 떠올랐다.

"위층이 또 시끄럽습니까? 조용히 해 달라고 말씀드릴까요?"

잠시 후 인터폰이 울렸다.

"충분히 주의하고 있으니 염려 마시랍니다."

경비원의 전갈이었다. 염려 마시라고? 다분히 도전적인 저의가 느껴지는 전언이었다. 게다가 드르륵드르륵 소리는 여전하지 않은가? 이젠 한판 싸워 보자는 얘긴가? 나는 인터폰을 들어 다짜고짜 909호를 바꿔 달라고 말했다. 신호음이 서너 차례 울린 후에야 신경질적인 젊은 여자의 응답이 들렸다.

"아래층인데요. 댁이 그런 식으로 말할 건 없잖아요? 나도 참을 만큼 참았다고요. 공동주택에는 지켜야 할 규칙들이 있잖아요? 난 그 소리 때문에 병이 날 지경이에요."

"여보세요, 난 날아다니는 나비나 파리가 아니에요. 내 집에서 맘대로 움직이지도 못하나요? 해도 너무하시네요. 이틀거리로 전화를 해대시니 저도 피가 마르는 것 같아요. 저더러 어쩌라는 거예요?"

"하여튼 아래층 사람 고통도 생각하시고 주의해 주세요."

나는 거칠게 수화기를 내려놓았다. "뻔뻔스럽긴. 이젠 순 배짱이잖아?" 소리 내어 욕설을 퍼부어도 화가 가라앉지 않았다. 그렇다고 언제까지 경비원을 사이에 두고 '하랍신다', '하신다더라' 하며 신경전을 펼 수도 없는 일이었다. 화가 날수록 침착하고 부드럽게 처신해야 한다는 것은 나이가 가르친 지혜였다. 지난겨울 선물로 받은, 아직 쓰지 않은 실내용 슬리퍼에 생각이 미친 것은 스스로도 신통했다. 선물도 무기가 되는 법. 발소리를 죽이는 푹신한 슬리퍼를 선물함으로써 소리를 죽이라는 메시지와 함께 소리 때문에 고통받는 내 심정을 간접적으로 나타낼 수 있으리라. 사려 깊고 양식 있는 이웃으로서 공동생활의 규범에 대해 조곤조곤 타이르리라.

위층으로 올라가 벨을 눌렀다. 안쪽에서 "누구세요?" 묻는 소리가 들리고도 십 분 가까이 지나 문이 열렸다. '이웃사촌이라는데 아직 인사도 없이……' 등등 준비했던 인사말과 함께 포장한 슬리퍼를 내밀려던 나는 첫마디를 뗄 겨를도 없이 우두망찰했다.

좁은 현관을 꽉 채우며 휠체어에 앉은 젊은 여자가 달갑잖은 표정으로 나를 올려다보았다.

"안 그래도 바퀴를 갈아 볼 작정이었어요. 소리가 좀 덜 나는 것으로요. 어쨌든 죄송해요. 도와주는 아줌마가 지금 안 계셔서 차 대접할 형편도 안 되네요."

여자의 텅 빈, 허전한 하반신을 덮은 화사한 빛깔의 담요와 휠체어에서 황급히 시선을 떼며 나는 할 말을 잃은 채 부끄러움으로 얼굴만 붉히며 슬리퍼 든 손을 등 뒤로 감추었다.

ⓒ 오정희, 「소음공해」, 1993.

작가 소개

오정희

삶에 대한 통찰력, 상상력을 증폭시키는 문체, 집요한 묘사 등으로 한국 소설에서 미학적 성취를 이뤘다고 평가받는 소설가. 1968년 〈중앙일보〉 신춘문예에 「완구점 여인」이 당선되면서 등단했다. 자아와 세계의 불화, 여성의 정체성을 집요하게 파헤친 작품들을 선보여 왔다. 대표작으로 소설집 『유년의 뜰』, 『불의 강』과 장편소설 『새』 등이 있다.

느낌들

심신 장애인 시설에서 자원봉사자 활동을 하는 주인공은 시도 때도 없이 들려오는 위층의 불쾌한 소리에 신경이 날카로워진다. 경비원의 중재에도 나아지지 않는 소음은 한 번도 마주하지 못한 타인을 향한 적대감을 불러일으킨다. 마침내 대면한 이웃의 속사정을 확인하며 주인공은 자신이 타인에게 너그러운 교양인이며 훌륭한 이웃이라는 만족감이 환멸로 일그러지는 것을 경험한다. 환경은 우리가 머무는 공간적 개념이 아니라 어쩌면 타인에 대한 내 감정의 허용치인지 모른다. 층간소음에 얽힌 시비가 비극적이고 폭력적인 사건으로 비화되는 요즘, 서로를 알고 이해하려는 상호 간의 교류가 더 절실하다.

무농약 와인

목수정

1999년 프랑스 남부 미요에서 맥도널드 매장을 트랙터로 밀어버린 조제 보베 이후, 농부가 일간지 〈르몽드〉의 1면에 등장하는 건 좀처럼 드문 일이다.

2월 24일 자 〈르몽드〉 인터넷판 1면에 검은 양복을 입고, 지지자들을 향해 멋지게 손을 흔들며 등장한 남자는 부르고뉴 지방에서 포도 농사를 짓는 지불로 에마뉘엘이다. 그는 자신의 포도밭에 농약을 살포하는 것을 거부했다는 이유로 이날 법정에 섰다.

1985년부터 구축해온 유기농법으로 포도 농사를 지어오던 그가 갑자기 언론의 조명을 받게 된 건 지난해 6월쯤. 부르고뉴 행정당국이 포도나무에 치명적인 영향을 미칠 수 있는 전염병 예방을 위해 이 지역 포도농가 전체에 농약 살포를 강제로 명령하면서부터다.

유기농산물 라벨(표시)을 유지하면서도 쓸 수 있는 농약은 단 하나, 천연재료로 만든 것이 있기는 했다. 하지만 에마뉘엘은 그 농약마저 마음 놓고 사용할 수 없었다. 그 농약은 해당 병해충뿐만 아니라 나머지 모든 곤충들도 한꺼번에 죽여버리는 바람에 그가 구축해온 유기농 환경이 일거에 파괴되는 것을 피할 수 없기 때문이다.

유기농 농가에서 농약 사용을 거부한 것은 상식을 넘어, 바람직한 일이라 믿는 사람들이 순식간에 모여, 이 아연한 죄목으로 법정에 서는 에마뉘엘을 지지하는 위원회를 결성했다. 녹색당을 비롯해 그린피스, 반자본주의 신당, 아탁Attac[1], 그리고 많은 유기농 농가와 생태주의자들이 그의 선택과 저항을 지지하고 행정당국의 횡포를 고발하기 위한 캠페인을 벌여 40만 명 이상의 서명과 언론의 관심을 이끌어냈다.

여론의 매서운 바람이 법정에 스민 걸까. 검사는 이날 재판에서 에마뉘엘에게 최소 형량을 구형했다. 벌금 1000유로, 그나마도 절반은 집행유예였다.

---

1 1998년 프랑스에서 시작된 국제적인 반세계화와 반신자유주의 운동 단체

에마뉘엘은 이번 사건을 계기로 더 많은 포도농가들이 농약이 아닌 방법으로 병충해를 막을 대안들이 있음을 깨닫고, 그 길에 동참하기를 바란다고 밝혔다.

유럽 최대의 의약품 소비국인 프랑스는 동시에 유럽 최대의 농약 소비국이기도 하다. 신이 인간에게 선물로 내려주었다는 포도주. 그러나 포도농장 사람들은 대부분 암으로 죽는다. 이들이 가장 흔하게 걸리는 병은 방광암이다. 그것은 농약 사용과 직접적인 관계가 있다고 농장주들은 얘기한다. 포도 재배가 그들을 먹여 살리지만, 결국 그것으로 인해 그들은 죽음에 이른다. 이 때문에, 점점 더 많은 농부들이 유기농으로 전향하고 싶어 한다.

그러나 유기농 전환에는 수많은 행정절차, 더 많은 실험이 따른다. 따라서 더 많은 인내와 비용이 요구된다. 그리고 에마뉘엘이 마주했던 것처럼, 집요한 시스템의 방해가 그들의 전향을 가로막는 최대의 적이다. 프랑스의 사회보장금고를 털고 싶어 하는 제약 마피아가 프랑스인들의 의약품 소비를 부추기는 가장 큰 동력이라면, 프랑스의 농약 사용을 부추기는 동력은 몬산토 등 다국적기업과 결탁한 유럽 위원회, 그리고 그들의 명령에 순종하는 프랑스 행정당국이다.

벌레를 죽이기 위해 땅을 죽이고, 농민을 죽이고, 소비자들까지 서서히 죽여가는 동안 다국적기업만 홀로 배를 불리게 하는 법.

불행하게도 오늘의 세상에는 그러한 법들이 난무하며 범인들의 숨통을 조여온다.

법이 모두의 상식을 배반할 때, 우린 이렇게 말해야 한다. "법은, 그것이 존중받을 만할 때만 지킨다." 에마뉘엘의 한 지지자가 결연히 외쳤던 것처럼.

ⓒ **목수정**, 「**무농약 와인**」, 〈**경향신문**〉, 2014.2.25.

작가 소개

목수정

현재 프랑스 파리에 거주하며 글을 짓거나 옮기고 있다. 소신 있는 작가이자 자유롭고 감각적인 여성으로 〈한겨레21〉, 〈경향신문〉 등에 틈틈이 칼럼을 써며 사회적 목소리를 내기도 한다. 지은 책으로 『뼛속까지 자유롭고 치맛속까지 정치적인』, 『아무도 무릎 꿇지 않은 밤』, 『당신에게, 파리』가, 옮긴 책으로 『자발적 복종』, 『문화는 정치다』 등이 있다.

느낌들

20세기 초 미국에서 사슴과 들소를 보호하기 위해 늑대 사냥을 권장한 일이 있었다. 이후 사람들은 안심하고 산에 들어갈 수 있었고, 사슴의 개체 수가 급격하게 늘어났다. 그로 인해 덤불과 어린 나무들이 사슴에게 뜯어 먹혔고, 나무들이 말라 죽어갔으며 먹이가 부족해지자 사슴들이 떼죽음을 당했다. 모든 생명체가 유기적으로 연결되어 있으며 인간 역시 생명 공동체의 구성원으로서 생태계의 유지를 위해 공헌해야 한다는 알도 레오폴드의 사상과 맞닿은 일화다. "벌레를 죽이기 위해 땅을 죽이고, 농민을 죽이고, 소비자들까지 서서히 죽여 가는" 죽음의 도미노가 모든 것을 파괴하기 전에 산처럼 생각하라는 목소리에 귀를 기울여야 한다.

황대권

몇 년 전부터 읍내에 나갈 때마다 국도 양편에 잔디밭이 하나둘 늘어나더니 올해는 보이는 곳마다 잔디밭이다. 멀리서 보면 무슨 골프장이 들어섰나 하고 착각할 지경이다. 대체작물을 찾다 찾다 잔디가 돈이 된다니까 너도나도 뛰어든 모양이다.

모르긴 몰라도 골프장 건설과 펜션 바람이 주요하게 작용하지 않았나 싶다. 하긴 인접해 있는 장성군에서 잔디로 떼돈 벌었다는 소문이 나돈 지도 꽤 오래되었다. 수입농산물 등쌀에 주곡 생산면적이 날로 줄어드는 이 현실을 어찌 바라보아야 할지 정말 난감하다. 이대로 나가다간 주곡은 모두 수입해서 먹고 겨우 부식류나 조경용 농작물만 재배하는 시대가 올지도 모르겠다.

 어쨌거나 아무리 돈이 되는 대체작물이라지만 논에 심어진 잔디를 보고 있노라면 은근히 부아가 난다. 도대체 사람들은 이 잔디가 제국주의와 밀접한 관계가 있다는 사실을 알고나 있을까?

 영국인들이 발명하여 세계에 퍼뜨린 것 중에서 영국인들 스스로 가장 자랑스럽게 생각하는 것 가운데 하나가 바로 잔디이다. 영국은 습기가 많고 겨울에도 온난하여 목초가 자라기에는 안성맞춤이다. 이러한 특성 때문에 영국에선 일찍이 목축과 양모산업이 발달했다. 영국을 두루 돌아다녀 보면 영국의 주인은 사람이 아니라 양이라는 생각이 들 정도로 목초지가 많다. 17세기 무렵 영국의 귀족들은 잡풀과 관목이 우거진 정원을 걷어내고 그 자리에 한 종류의 목초를 깔고 기하학적인 문양의 정원을 가꾸어 즐기기 시작한다. 아직 풀 베는 기계가 발명되기 전이었으니 엄청난 인력과 비용이 드는 귀족들의 호사취미였던 것이다. 그들은 드넓은 잔디밭 위에서 파티를 열고 장난삼아 그 위에서 놀 수 있는 여러 가지 놀이를 생각해냈다.

 오늘날 세계에 퍼진 대부분의 잔디 스포츠는 거의가 영국이 발상지이다. 가장 대표적인 것이 골프와 축구이다. 그 밖에 하키, 볼링, 테니스, 크리켓, 폴로, 럭비 등을 들 수 있다. 이들 스포츠는 잔디밭 위에서 하게 되어 있으니 경기의 보급과 함께 잔디가 전 세계로 퍼진 것은 당연하다. 그러나 잔디의 제국주의적 속성은 스포츠에서보다 조경용 잔디에서 더 잘 드러난다.

제국주의의 가장 큰 특성은 폭력과 획일적 지배이다. 잔디밭은 이 두 가지를 모두 갖추었다. 원래 그 자리에 있던 다양한 생물종들을 모조리 제거하는 과정 자체가 엄청난 폭력이다. 잔디를 깐 후에도 다른 풀이나 꽃이 자리 잡지 못하게 지속적으로 뽑아내고 약을 치는 것도 폭력이다. 사람들이 휴식과 안정을 느끼는 잔디밭은 사실은 폭력과 억압의 결과인 것이다.

사람들은 또한 드넓게 펼쳐진 잔디밭을 보고 일종의 지배 욕구를 대리충족한다. 일망무제의 잔디밭 위에 우뚝 서 있으면 마치 자신이 황제라도 된 듯 우쭐한 기분이 든다. 사방을 둘러봐도 나를 해칠 만한 것은 아무것도 보이지 않고, 바닥은 푹신푹신하다. 마음껏 뛰어다니며 소리라도 질러보고 싶어진다.

잔디밭의 획일성은 사람의 심성마저도 바꾸어놓는다. 미국에서는 자기 집 잔디를 며칠 안 깎아 더부룩해지면 마을의 미관을 해친다고 이웃집에서 신고가 들어오기도 한다. 잔디밭에 민들레 같은 야생화가 여기저기 피어 있으면 그 집 주인의 영혼도 오염되어 있다고 간주된다. 잔디밭에는 잔디 외에 어떤 것도 자라서는 안 된다! 1960년대 미국 히피혁명의 이론적 배경이 되었던 『일

차원적 인간』을 쓴 헤르베르트 마르쿠제는 어쩌면 미국의 광활한 잔디밭을 보고 힌트를 얻었는지도 모르겠다.

 잔디가 제국주의와 관련이 있다는 것은 잔디의 물리적 특성 때문만이 아니다. 실제 역사에 있어서도 잔디는 제국주의의 전파와 유지에 큰 역할을 했다. 한때 '해가 지지 않는 나라'였던 영국은 새로 개척하는 식민지마다 총독부 건물을 지으면서 주위를 잔디로 장식했다. 식민지 주민들로서는 생전 처음 보는 조경 양식이었던 것이다. 권위적인 건축물과 함께 잔디 조경은 질서와 위엄을 나타내는 상징이 되었다. 식민지가 해방되고 나서도 이러한 조경 양식은 그대로 이어져 거의 모든 관공서와 공식적인 건축물에는 잔디 조경이 필수적인 것이 되었다. 잔디의 물리적 특성이 정치적 의도와 정확히 맞아떨어진 것이다.

 잔디 조경을 가장 열광적으로 받아들인 나라는 미국이다. 오늘날 세계에서 가장 넓은 면적의 잔디밭을 가지고 있는 나라가 미국이다. '세계의 식량창고'라는 미국의 밀밭이나 옥수수밭도 잔디밭보다는 그 면적이 작다. 세계 최대의 제국주의 국가 미국이 최대의 잔디밭을 보유하고 있다는 사실이 우연의 일치만은 아닐 것이다.

 폭력에 기반을 둔 제국주의를 유지하기 위해 엄청난 비용이 들듯이 잔디밭을 가꾸는 데에도 많은 비용이 든다. 한결같은 잔디밭을 유지하기 위해선 배수시설과 급수시설이 반드시 필요하며 수

시로 잔디를 깎아주어야 한다. 미국의 한 도시는 대기 중에 배출된 이산화탄소의 5퍼센트가 잔디 깎는 기계에서 나온 것이라고 할 정도이다. 거기에다 틈틈이 농약과 비료도 뿌려주어야 한다. 해마다 미국 전역의 잔디밭을 관리하기 위해 약 3백억 달러의 돈이 나간다고 하니, 도대체 잔디가 사람을 위해 있는 것인지 아니면 사람이 잔디를 위해 그렇게 열심히 일하는 건지 알 수가 없다.

잔디밭이 아름답다고 여기는 것도 엄격히 말하자면 자기암시에 의한 착시현상이라고 할 수 있다. 잔디밭은 처음 만들어질 때부터 귀족들의 취미였고 권력자들의 지배를 미화하기 위한 도구로 쓰였다. 따라서 잔디밭은 신분 상승을 꿈꾸는 자들에게는 선망의 대상이었다. 이것은 마치 1960~1970년대 한국의 중산층들이 집집마다 피아노를 사들였던 것과 비슷하다. 그들은 피아노를 그것이 만들어내는 음악적 가치 때문이 아니라 단지 신분 상승을 겸한 부의 상징으로 받아들였던 것이다.

잔디밭은 아름답기보다는 그저 보기에 시원할 뿐이다. 아름다움으로 친다면 잔디밭 이전의 우거진 야생의 초원이 훨씬 아름답다. 나는 지금도 영국의 산속 어느 외딴집에서 본 버려진 정원의 그 아찔한 아름다움을 잊지 못한다. 영국에 처음 가면 많은 사람들이 반듯하고 오밀조밀하게 꾸며진 영국식 정원을 보고 감탄을 금치 못한다. 나 역시 그랬다. 그러나 인위적인 아름다움은 오래

가지 못하는 법인지 금방 싫증이 났다.

한 번은 영국인 친구를 따라 웨일즈의 산속에 버려진 그의 집을 구경하러 갔다. 그는 그 집을 떠난 지 6년이 지났다고 했다. 그런데 마당에 들어서는 순간, 나도 모르게 아! 하고 감탄사가 흘러나왔다. 오랫동안 인간의 손길이 닿지 않았던 영국식 정원이 너무도 황홀한 자태를 드러내고 있었기 때문이다. 온갖 풀과 화초들이 제멋대로 나고 죽고를 반복하면서 기막힌 균형을 이루고 있었다. 나는 거기서 확실히 깨달았다. 이 세상에서 가장 훌륭한 정원사는 신의 손길이라는 사실을.

다른 나라의 자율성과 자유를 짓밟고 자국의 이익만을 추구하는 제국주의가 지상에 일차원적으로 실현된 것이 바로 잔디밭이다. 오늘날 잔디밭은 지구상에 생물종의 가짓수를 현저히 감소시킬 뿐 아니라 농경지를 잠식하고 강과 대기를 오염시키고 있다. 그럼에도 잔디밭은 그 쓰임새에 비해 너무 과분한 대접을 받고 있다. 이제라도 그 면적을 줄이고 제한된 용도에 맞게 조성해야 할 것이다.

ⓒ 황대권, 「민들레는 장미를 부러워하지 않는다」, 열림원, 2006.

작가 소개

황대권

서울대 농대 졸업 후 뉴욕에서 유학하던 중 1985년 '구미유학생 간첩단 사건'에 연루되어 13년간 옥고를 치렀다. 그때 그에게 힘이 되어 준 것은 감옥 한구석에서 홀로 가꾸던 야생초 화단이었다. 출소한 뒤 국제사면위원회의 초청으로 2년 동안 유럽의 대안공동체들을 돌아보고 영국에서 생태농업을 공부했고, 현재 전남 영광에서 '생명평화마을'을 일구고 있다. 지은 책으로 『야생초 편지』, 『치유의 인문학』 등이 있다.

느낌들

황대권은 인간의 눈에 아름답게 비치는 잔디 조경이 실은 제국주의적 면모를 지니고 있다는 불편한 진실을 지적한다. 그가 전하려는 의도를 충분히 이해하면서도 잔디를 제국주의적 상징으로 바라보는 시각이나, 특정한 꽃을 어느 나라의 꽃으로 바라보는 시각 또한 주인 없는 자연에 자기들의 이름표를 붙이려는 인간 중심의 사고라는 생각이 든다. 편견 없이 대할 때 누군가의 온전한 모습을 알 수 있듯이, 훼손 없이 자연을 대할 때 우리가 사는 세상의 완전한 형태를 느낄 수 있을 것이다.

명태는 돌아오지 않는다

남종영

🌱 물고기들의 오아시스, 동해

마지막 빙하기 때 한반도의 모습은 어땠을까? 해수면이 낮았기 때문에 동해와 태평양의 해수 교환은 활발하지 않았다. 대양의 바닷물이 동해로 흘러들어오는 것도 어려웠고, 동해의 바닷물이 대양으로 흘러나가는 것도 쉽지 않았다. 즉 빙하기 동안 동해는 대양과의 연결이 거의 단절되어, 빗물이나 강물 등 유입된 담수의 영향을 더 우세하게 받았을 가능성이 높다. 당시 동해는 러시아의 흑해와 같은 육상의 거대한 호수였을지도 모른다[1]. 아니면 지중해

---

1 이경은, 「과거 수만 년 동안 동해 표층수온의 변화」, 〈기후 변화 뉴스레터 2007년 3월〉, 기상청.

와 같은 내해였을 수도 있다. 이탈리아, 그리스 건너편에 알제리와 이집트가 있듯이, 한반도가 내해로 일본과 연결되어 있었을 수도 있다.

마지막 빙하기는 약 1만 년 전에 끝났다. 지구의 온도도 천천히(물론 20세기 이후 인간의 개입에 의해 발생한 지구온난화의 속도보다 훨씬 느리게) 오르기 시작했다. 지구 온도가 완만하게 상승함에 따라 대륙의 빙하가 녹고 바다의 열팽창이 가속화됐다. 지금보다 120미터나 낮았던 바닷물도 천천히 상승하면서 육지를 잠식했다. 대양의 해류가 동해에 유입되기 시작했다. 해수면이 높아졌기 때문이다.

빙하기 동안 북태평양의 난류인 쿠로시오 해류는 그 세력이 무척 약했다. 현재보다 훨씬 남쪽으로 밀려나 있었다. 대신 동해는 북태평양의 차가운 쿠릴 해류(쿠릴 해류의 지류가 바로 동해로 내려오는 북한 한류다)의 영향을 더 많이 받고 있었다. 지구의 온도가 조금씩 올라가는 만큼 쿠로시오 해류는 북쪽으로 세력을 확장했다. 반대로 쿠릴 해류는 주춤주춤 뒤로 물러났다. 결국 쿠로시오 난류와 쿠릴 한류는 동해의 한가운데서 만났다. 빙하기가 완전히 끝나자, 동해는 난류와 한류가 섞이는 물고기들의 오아시스가 되었다.

동해 바다에는 명태가 살았다. 명태는 빙하기가 끝난 뒤 1만 년

한반도 주변의 해류

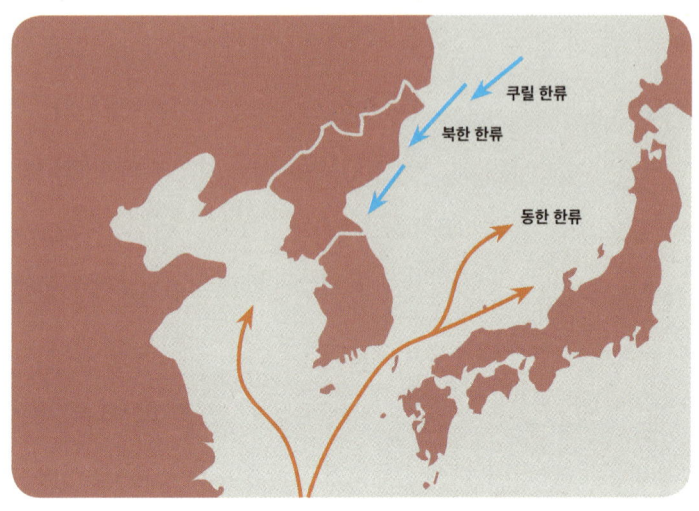

동안 비교적 평화로운 나날을 보냈을 것이다. 명태는 빙산이 떠다니는 베링 해, 오호츠크 해와 함께 동해를 주 무대로 삼았다. 여름에는 북극의 차가운 바다에서 피서를 즐기고 겨울에는 동해의 서늘한 바다로 내려오던 명태는, 아마도 쿠릴 한류가 쿠로시오 난류와 마주치는 지점까지 남하했을 것이다. 더 아래로 내려가면 명태는 뜨거워서 살지 못했다. 동해는 명태의 남방 한계선이었다.

명태는 경골어류의 원시종을 조상으로 두고 진화했다. 경골어류는 연골어류와 달리 딱딱한 뼈를 가지고 헤엄쳐 다녔다. 경골어류의 일부는 물에서 육지로 이동해 최초의 척추동물이 되었다. 인간의 역사를 진화의 역순으로 돌리면, 인간은 명태의 조상과 만날

지 모른다. 명태는 물에서 육지로 이동한 최초 척추동물의 조상이다. 명태는 현생 경골어류를 일컫는 진골어류 가운데 측극기상목의 대구과 생물이다.

명태는 대구와 비슷하다. 대구와 명태를 구분하려면 명태의 얼굴을 보면 된다고 어렸을 적 할머니께서 말씀해주셨다. 명태의 입가에는 짧은 수염이 달려 있다. 수염 때문에 명태는 눈이 큰 할아버지처럼 보였다. 대구보다 명태의 몸매가 날씬하다는 것을 이미 알고 있었기에 나는 수염을 보지 않고서도 구분할 수 있었다. 할머니는 단지 시장을 따라다니는 어린아이에게 심심치 말라고 재밌는 놀이를 하나 알려준 것뿐이었다. 하지만 어린아이에게 각양각색의 명태 이름은 쉽지 않았다. 저 아주머니는 왜 명태를 생태로 부르지? 이번에는 동태로 부른다. 북어, 황태, 연안태, 원양태……, 노가리는 또 무얼까.

1975년에 가수 한대수가 〈고무신〉이라는 노래를 가지고 나온 적이 있다. 그는 마치 명태잡이의 아들처럼 이 노래를 불렀는데, 아쉽게도 2집 앨범 수록곡으로 나오자마자 판매가 금지됐다.

"우리 아버지 명태잡이 내일이면 돌아온다, 아이고 좋아, 좋아. 기분이 좋아, 좋아. 명태를 잡아오면 명태국도 많이 먹고, 명태국이 나는 좋아, 좋아. 기분이 좋아, 좋아. 명태국을 먹고 나서 명태가 몇 마리 남는다면, 나머지 명태를 팔아서 고무신을 사서 신고,

저 언덕 위에 있는 우리 촌색시 만나러 간다. 아이고 좋아, 기분이 좋아. 우리 촌색시하고 나하고 밝은 달밤에 손에 손 잡고, 아이구 좋아, 기분이 좋아. 우리 촌색시가 나는 좋아. 우리 엄마, 우리 아버지 만수무강하옵소서……."

그 시절에는 명태국을 지겹도록 먹었다. 산 명태를 무와 함께 끓인 명태국은 밥상머리에서 지정석을 차지했다. 명태는 흔했다. 집안 살림이 넉넉지 않은 사람들도 명태 먹기는 어렵지 않았다. 명태는 그래서인지 일상과 가까웠던 것 같다. 누나와 결혼한 매형은 북어 대가리로 발바닥을 맞았다. 대학시절에 어두컴컴한 호프집에서 선배들은 노가리를 시켰다. 노가리를 고추장과 마요네즈에 찍어 먹으면서, 우리는 노가리가 명태의 새끼인지 아닌지에 대해 논쟁을 벌였다.

한대수의 노래 〈고무신〉은 미풍양속을 해친 것인지 어쨌는지 알 수 없는 이유로 판매금지됐지만, 이 노래는 당시 시대적 상황을 잘 반영하고 있다. 동해의 명태잡이는 1970년대에 몇 년째 풍어를 올렸다. 명태바리(동해 어민들이 명태잡이 배를 이르는 말)가 모이는 고성 거진에서는 '똥개도 명태를 물고 다닌다'는 말이 나올 정도였다. 그래도 어족 자원은 보호해야 했으므로 정부는 27센티미터 이하의 명태 치어 포획을 금지했는데, 어민들의 사정은 그게 아니었다. 어민들 사이에 '노가리는 명태가 아니다'라고 뜬소문이 돌았고, 어민들은 뜬소문을 핑계로 마구잡이로 노가리를 잡아들였다. 그래서인지 호프집 노가리 안주값은 무척 쌌다. 사람들은 노가리를 씹으며 〈포장마차〉라는 노래를 잘도 불렀다.

2006년이었다. 명태를 보러 고성에 갔다. 태어나서 처음으로 명태에 대해서 생각하고 명태를 보러 먼 길을 떠났다. 그 화려하던 명태의 천국 동해에서, 명태는 믿을 수 없을 정도로 사라지고 있었다. 여염집의 밥상에서, 호프집의 안주상에서, 명태가 사라진 게 그때 즈음이었다. 명태 어획량의 감소율은 당시 절정에 이르렀다. 누군가 명태의 역사를 쓴다면, 2000년대 중반은 가장 하이라이트에 위치할 게 분명하다.

자동차가 북한강변을 쏜살같이 거슬러 오를 즈음, 나는 고성군청으로 전화를 했다. 수화기 너머로 서류 뭉치를 더듬거리는 군청 해양수산과 직원의 모습이 떠올랐다.

"글쎄, 통계가 어디 갔나……. 명태가 갑자기 이렇게 줄어드니까, 우리도 곤혹스러워요. 1980년대에는 해마다 10만 톤 이상 잡혔는데……. 음, 여기 있군. 한번 적어보세요. 2003년 336톤, 2004년 72톤 그리고 작년에는 17톤……."

작년에는 단 17톤이었다. 17톤을 되뇌며, 1톤짜리 포터 17대를 그려봤다. 보통 명태 한 마리의 무게를 200~300그램으로 잡는다. 17톤이면 대충 6만 마리에서 8만 마리다. 한 가족이라면 평생 먹어도 남을 양이지만, 명태를 사랑하는 민족이 먹기에는 턱없이 부족한 양이었다. 그 정도라면 명태는 희귀어종이 아닐까 싶었다. 운 좋아야 먹을 수 있는 희귀어. 만약 설악산의 심마니가 동해의 어부가 되어 그물을 던졌다면, 그는 '명태 봤다'를 외쳤을 것이다.

자동차는 태백산맥의 서사면을 쑥쑥 올랐다. 설악의 연봉들이 차츰 낮아지고 바람이 차갑게 느껴질 즈음, 자동차가 강원도 인제군 용대리를 지나갔다. 용대리는 예부터 고성에서 잡은 명태를 말리는 황태 덕장으로 유명하다. 아직 철을 맞지 않은 황태 덕장의 빈 구석엔 바람이 허허롭게 날렸다. 그렇다면 작년에 내가 여기까지 와서 먹은 황태찜은 무엇이었단 말인가? 수입산이었나?

◈ '동지밭'에 열린 명태들

자동차는 미시령을 넘어 동해 바다에 내려왔다. 태풍의 잔영이 가시지 않은지라 바람은 눅진거리며 살랑댔다. 대진항은 남한 최북단 항구다. 그러니까 남한에서 바닷물과 바람이 가장 찬 곳에서 물고기를 잡는 어선들의 고향이다. 어제까지 태풍이 불어 배들은 꼼짝없이 항구에 붙어 있었다. 항구 앞마당 횟집의 빨간 플라스틱 대야에는 광어들이 기진맥진해 드러누워 있다. 해가 넘어갔지만 바람은 여전히 휘몰아쳤다.

대진 어촌계 사무실은 항구 앞마당의 이층 건물에 있었다. 어두

명태잡이가 한창이던 옛날 시절의 사진들. 명태 축제에는 화석화된 이미지들만 찾을 수 있을 뿐이다.

운 사무실에는 어촌계장이 혼자 앉아 있었다. 사무실 벽 한복판에는 빛바랜 액자가 걸려 있었다. 액자 안에는 명태가 산처럼 쌓여 있고, 수건을 두른 아주머니들이 고무장갑을 끼고 명태를 골랐다. 어촌계장은 박평원 선장이었다. 쉰하나의 그는 열여덟 살 때부터 배를 탔다고 했다.

"이상하게 명태가 사라졌어. 몇 년 전만 해도 여기에서부터 저기 남쪽 주문진, 삼척까지 났거든."

나는 액자를 가리키며 물었다.

"옛날에는 명태가 정말 많이 잡혔나 봐요."

"동지밭이라는 말이 있었지. 감자밭이나 고추밭처럼 바다에 명태가 열린다고 했어. 동지 때 명태가 가장 많이 잡혔거든."

명태는 한류성 어종이다. 찬 바닷물에서 산다. 차가운 오호츠크 해에서 지내다가 바닷물이 '참을 수 없이' 차가워지면 남쪽으로 내려온다. 이때 의탁하는 바닷물이 쿠릴 해류다. 9~10월쯤이면 명태가 하나둘 동해안에 도착한다. 그리고 체외수정으로 산란을 한다. 그러고 나면 동해는 명태와 어린 명태가 사는 명태밭이 된다.

가장 북쪽으로는 고성의 대진까지, 남쪽으로는 삼척까지 명태밭이 넓게 펼쳐졌다. 고성의 어민들은 특히 동지 즈음에 그물을 던지면 그물이 찢어질 듯 명태가 걸려 나온다고 해서 '동지밭'이라고 불렀다. 동지밭에서 살아남은 명태와 노가리[2]들은 3~4월에 다시 오호츠크 해로 돌아갔다. 물론 오호츠크 해를 고향으로 두지 않는 소수 명태들도 있었다. 이들은 여름에 동해 먼 바다 심해층에 머물다가 11~12월에 연안으로 접근해 산란했다.

어쨌든 명태잡이는 늦가을에서 이듬해 봄까지 이뤄졌다. 연승 낚시줄이나 그물을 바다 깊이 깔고 오징어나 꽁치 부스러기를 미끼로 쳐놓으면 됐다. 선장은 명태 잡는 그물을 연필로 슥슥 그려주었다.

"우리는 별로 할 일이 없었어. 좋은 목을 잡아서 그물을 쳐놓기

---

[2] 노가리는 명태(Theragra chalcogramma)의 미성어라고 오래전부터 알려져 왔으며, 우리나라 수산자원보호령의 미성어 보호대책 규정에 의해 종래에는 그 어획이 금지되어 있었다. 그러나 수산당국은 자원학적 견지에서 노가리를 어획해도 무방하다는 해석을 내려 1974년부터 노가리에 대한 어획금지규정을 폐기하였으며 현재까지 어획을 허용하고 있다.

만 했지. 그리고 사나흘 뒤에 되돌아가서 그물을 걷기만 하면 명태가 떼로 달렸어. 열 바리에서 스무 바리는 우습게 가져왔어."

선장은 다시 숫자 개념에 대해 설명했다. 명태 스무 마리로 한 두름을 엮고, 백 두름을 한 바리로 친다. 바리는 말이나 소의 등에 잔뜩 실은 짐을 세는 단위인데, 배에서도 마찬가지다. 바리라는 단어에는 배 한가득 명태를 싣고 귀환한다는 의미가 담겨 있다. 그런데 한 번 나가면 스무 바리라니! 4만 마리를 우습게 가져온다는 것이다. 한 두름이 4킬로그램 정도 된다고 했으니, 한 바리면 400킬로그램, 열 바리면 4,000킬로그램, 그러니까 4톤의 명태를 싣고 배는 위태위태한 만선이 되어 금의환향했던 것이다. 작년 한 해 동안 잡은 명태가 17톤, 대충 40바리가 넘었으니, 박평원 선장은 작년 한국 명태 총어획량을 한두 번의 출항으로 해치웠다.

나는 대학 때 노가리 안주를 올려놓고 하던 '노가리 농담'이 생각나서 그때처럼 우스개 질문을 선장에게 던졌다.

"그런데 노가리가 명태가 맞나요?"

"솔직히 어민들이 노가리를 너무 많이 잡아댔어. 원래 명태 치어 잡이는 금지돼 있었지. 명태의 산란지가 북한 장전항에서 속초의 항구들까지의 바다인데, 명태 산란지를 거의 싹쓸이하다시피 했지. 큰 거 작은 거 할 것 없이 그물로 쓸어버렸을 정도니까. 그런데도 정부가 이상하게 노가리잡이를 허가했어."

'노가리는 명태가 아니다'라는 뜬소문에 정부가 속았는지, 정부는 1974년에 이례적으로 어린 명태를 잡을 수 있게 허가했다. 미국과 일본, 러시아, 중국이 벌이는 명태 어장 싸움에서 지지 않기 위해서 선제적 대응을 한 측면도 있었던 것 같다. 명태는 동해에서 오호츠크 해 그리고 베링 해 해역까지 태평양 서부의 반달 지역을 중심으로 넓게 서식한다. 명태 서식지 가운데 동해가 최남단인 셈인데, 이 지역을 오르내리는 명태의 습성상 어느 한쪽이 많이 잡으면 다른 한쪽이 잡을 게 줄어드는 상황이 벌어진다. 명태의 파이는 한정돼 있고, 각국이 어획 경쟁에 뛰어든 상황이었다. 어장 보존을 해봐야 국가적으로 손해를 보는 조건이었던 셈이다.

하지만 적어도 치어 보존은 했어야 했는데, 그렇지 못했다. 명태의 수명은 8년이다. 한 번에 10만 개에서 100만 개의 알을 낳는다. 알이 열흘 뒤에 부화되어 노가리라는 이름을 얻는다. 하지만 얼마 살아보지도 못한 노가리는, 동해에서 오호츠크 해에서 베링 해에서 몽땅 잡혀 호프집으로 이송됐다.

노가리뿐만 아니라 큰 명태도 마구잡이로 잡았다. 오호츠크 해에서는 러시아 어선과 한국의 원양어선이 진출해 명태를 쌍끌이로 잡아갔다. 특히 이곳에서의 쌍끌이 저인망 어업방식이 문제였다. 동해 연근해에서는 미리 그물이나 낚시를 바닥에 설치하여 미끼를 문 '스스로 위험을 자초한' 명태를 잡았지만, 오호츠크 해에서는 어선에 그물을 묶고 다니면서 그 지역에서 사는 모든 명태를 휩쓸어갔다.

오호츠크 해에서 이미 명태의 씨가 말랐기 때문에 명태가 동해로 내려오지 못하는 건지도 모른다. 여하튼 1970년대와 1980년대에 정점을 이룬 명태 잔치는 1990년대 초반까지 뒤풀이가 이어졌다. 대진항의 아이들이 명태를 주고 엿 바꿔 먹을 정도였다고 했다.

"그럼, 남획 때문에 명태가 줄어든 걸까요?"

"지구온난화 때문에 그런다고 하는데……. 물론 그 원인도 있겠지. 우리는 바다에 사는 사람이라서 겨울에 바닷물을 만져보면 바닷물이 얼마나 따뜻해졌는지 느낄 수 있어. 오징어 낚시를 할 때 추를 달아 아래로 내려보내는데, 이때도 예전과 느낌이 다르지. 예전에 바다에서 올라온 추는 얼음장같이 차가웠는데, 지금은 그런 감이 덜하거든."

물고기는 변온동물이다. 외부 온도에 자기 신체의 온도를 탄력적으로 조절하는 탁월한 능력을 지녔다. 하지만 그게 약점도 된다. 변온 능력에는 한계가 있다. 물고기는 30도의 무더위 속에서 휴양을 즐기다 영하 10도의 스키장에서 스키를 탈 수 있는 항온동물과 같은 온도 대처능력을 가지지는 못했다. 만약 열대의 변온동물이 북극해로 헤엄쳐가서 밖의 온도에 체온을 맞췄다가는 스스로 얼어 죽어버리고 말 것이다. 그래서 변온동물인 개구리, 뱀, 도마뱀 등은 추울 때 땅속에 들어가 겨울잠을 잔다. 열대지방에는 덥고 건조한 여름에 여름잠을 자는 변온동물도 있다.

변온동물은 미세한 온도 차이를 거대하게 느낀다. 이들의 피부는 온도 증폭기라 할 수 있다. 특히 물고기에게 수온 1도 상승은 내륙에서 온도가 10도 오른 것이나 마찬가지다. 수온이 바뀌면 물고기 몸속의 신진대사 속도가 변한다. 점차 몸의 움직임이 느려져 천적에 잡아먹힐 확률이 점점 높아진다. 그렇기 때문에 물고기는 온도 변화에 더욱 민감한 방향으로 살아가도록 진화했다. 굳이 불편한 환경의 수온에서 오래 버티지 않는다. 수온이 조금이라도 변하면 바로 삶터를 포기하고 다른 곳으로 이주한다.

동해의 온도는 명태가 느끼기에 극단적으로 뜨거워졌다. 1968년에서 2006년까지 동해 바다의 표층수는 약 0.8도 올랐다[3]. '혹서지역'으로 탈바꿈한 동해에 명태가 찾아올 리 없다.

"올해 1월에 눈 올 때 몇 마리 왔다 갔어. 며칠 있다가 다시 북한으로 올라간 것 같아."

어촌계장은 걱정스러운 눈빛으로 창밖을 쳐다봤다. 태풍은 이

---

[3] 국립수산과학원은 1968년부터 한반도 근해의 수온을 조사해왔다. 동해, 서해, 남해에는 위도를 따라 25개 정선이 그어져 있다. 국립수산과학원의 관측선은 일 년에 여섯 차례 짝수 달마다 25개의 직선을 따라 운항한다. 그리고 직선에 표시된 196개의 지점에서 수온을 잰다. 이렇게 해서 나온 측정값은 세계의 과학자들이 부러워하는 데이터다. 196개의 지점과는 약간 차이가 있으나, 1921년부터 해양조사를 해온 게 있어서 데이터 총량의 합은 더 크다.
한인성, 「한반도 주변 해역 장기 수온변동 경향」, 〈기후변화 뉴스레터 2007년 9월〉, 기상청.

미 동해를 통과했지만, 바람은 가시질 않는 것 같았다. 날카로운 바람에 어촌계 사무실 창문이 흔들렸다.

따뜻한 겨울에 명태는 쫓겨간다

명태바리의 본거지는 거진항이다. 거진의 인구는 작지만, 거진의 항구는 크다. 하지만 거진항에는 항구 특유의 흥성거림이 보이지 않았다. 통통배 한 척도 바다를 가르지 않았다. 배들은 항구에 움츠리고 기대어 있었다. 움직임이 일시 정지된 겨울 항구 같았다.

나흘 전에 명태가 잡혔다는 소식을 들었다. 그건 마치 '설악산에서 반달곰이 다시 발견됐다'는 뉘앙스를 띠며 내게 전달됐다. 나는 거진항에 있는 고성군 수협 사무실을 찾아갔다. 이층의 너른 사무실에 올라가니까 열댓 명의 사람이 토닥거리며 사무를 보고 있었다.

"동해항에서 출항한, 다른 어종을 잡는 선박의 그물에 몇백 마리 걸려들었다고 하더군요. 이제 명태가 내려올 때가 된 거죠. 하지만 아직 고성엔 소식이 없어요."

직원들이 '명태 박사'라고 추천하여 만난 조한기 지도총무과장은 별일 아니라는 듯 어깨를 으쓱했다. 해마다 10월 1일부터 3월 31일까지가 명태 조업기다. 지금쯤이면 연승낚싯줄을 손보고 본격적으로 명태잡이를 준비하는 사람들로 항구가 붐벼야 했다. 거진 앞바다 6~7킬로미터 해상에 지방태(수입 명태가 아닌 국산 명태를 말한다) 어장이 형성되기 때문이다. 하지만 명태 조업기라는 말은 이미 사어가 되어버렸다.

"나는 명태가 사라진 주원인이 남획 때문이라고 생각해요. 1970년대, 1980년대에 허가받지 않은 저인망 어선들이 명태를 싹쓸이했어요. 원양어선들이 더 문제였죠. 오호츠크 해로 올라가서 명태를 긁어왔어요. 물론 수온의 영향도 있겠죠. 하지만 북한과 러시아 앞바다에서도 명태가 부쩍 줄었다고 하던데……."

명태는 보통 8년을 산다. 산란할 수 있는 성체가 되는 데 3~4년이 필요하다. 물고기치고는 재생산주기가 긴 편이다. 그래서 남획된 자원의 회복이 느리다. 1970, 1980년대에 노가리까지 해치운 남획의 전장에서 명태가 얼마 살아남지 않았다면, 소수의 명태가 다시 동해의 다수로 군림하기까지는 시간이 더 필요할 것이다.

"그런데 요 몇 년 전부터는 오징어가 풍년이에요. 오징어는 난류성 어종이거든요. 보통 오징어는 여름에 동해에서 잡히고, 겨울엔 서해에서 잡히죠. 여름의 동해 바닷물, 겨울의 서해 바닷물이 오징어가 살기에 딱 좋은 수온인데, 몇 년 전부터 늦가을까지 동해에서도 잡히기 시작했어요. 물론 올해는 수온이 이도 저도 안 맞아서 오징어도 없긴 하지만……."

동해는 세계적으로 꼽히는 천혜의 어장이다. 한류와 난류가 만

고성 거진항에 만선이 되어 돌아오던 명태바리는 이미 사라졌다. 수입산 명태가 일 년에 한 번 있는 명태 축제의 주인공일 뿐이다.

나기 때문에 어종도 다양하다. 동해에서는 수온이 급격히 변하는 '수온전선'이 형성된다. 따뜻한 물과 차가운 물이 부딪히는 수온 장벽이다. 이 벽을 경계로 꽁치, 멸치, 오징어 등 난류성 어종이 남쪽에 진을 치고, 북쪽엔 명태, 대구, 청어, 도루묵 등 한류성 어종이 바다를 지킨다. 그런데 이 수온전선이 조금씩 북상하고 있는 것이다.

농협 사무실에 앉아 있는데, 예순여덟 살의 할아버지가 다가왔다. 명태 선장 이태홍 씨였다. 그는 수협 직원과 내가 나누는 명태 이야기에 관심을 보였다. 그는 나에게 명태 잡던 그물을 보여주겠다고 했고, 나는 그를 따라나섰다. 그가 나를 인도한 곳은 후미진

골목 안으로 쏙 들어가 있는 창고였다. 문을 열자 뽀얗게 먼지가 일었다.

"그때는 명태가 해마다 풍년이었어요. 1982년이었나? 나도 18톤짜리 배를 사서 바다에 나갔죠. 나는 명태가 다니는 길이 환했어요. 동지바리(동지 때 잡는 명태)에는 서른 바리도 족히 실어왔습니다. 이 주낙, 그물들이 그때 쓰던 것들이에요……. 이제 감척을 할 거지만……."

주낙과 그물이 어지러이 얽혀 있었다. 다시 바다에 나가려면, 얽힌 그물을 푸는 데만 며칠이 걸릴 것 같았다. 하지만 할아버지는 그물을 손질할 일도, 주낙을 정리할 일도 없을 것이다. 할아버지가 말을 이었다.

"군청에 감척 신고를 하면 보상금 조로 그물 한 장에 2만 5,000원 정도 받을 수 있어요. 다음 주에 감척 신고를 하려고요."

감척 신고를 하는 것은 명태를 잡지 않겠다는 선언과도 같다. 할아버지는 이제 명태가 돌아오지 않을 것이라고 믿고 만 것이다.

거진항의 어민들은 절멸하다시피 한 명태로 경제적 곤란을 겪고 있었다. 명태가 사라진 어장에서 어민들이 의지하는 건 오징어뿐이다. 한여름에 오징어 어장이 끝나버리면, 어민들은 항구에서 낮잠을 잤다. 바다에 나가봤자 기름값도 건지지 못한다. 일부 어민들은 오징어를 찾아 서해까지 원정어업에 나서기도 했다. 동해 연안을 따라 쭉 내려간 뒤 남해안을 따라 서해안까지 올라가서 오징어를 잡는 것이다. 실제로 고성 배 서른두 척이 충남 보령, 대천 앞바다로 긴 여행을 다녀온 적도 있다. 하지만 기름값만 간신히 건졌다는 헛헛한 이야기만 돌 뿐이었다.

무차별적인 남획 때문일까, 아니면 지구온난화가 부른 수온 상승 때문일까. 명태는 인간의 식욕 때문에 멸절한 것일까, 아니면 열파를 피해 새로운 삶터를 찾아 떠난 것일까.

동해 명태와 관련한 논문을 검색해봤지만, 이처럼 극적인 감소의 이유를 과학적으로 추적한 논문은 찾아볼 수 없었다. 대신 국립수산과학원의 한인성 박사와 이야기할 기회가 있었다.

"특정 원인 때문에 명태가 사라졌다고 딱 부러지게 논문을 쓰긴 쉽지 않겠죠. 여러 사람이 고개를 끄덕일 정도의 가설을 내놓을 수는 있겠지만……. 그래서 일반적으로 인간의 남획과 동해 수온의 변동 모두가 영향을 미쳤을 거라고 생각해요."

그는 동해 수온의 장기적 추이를 연구하고 있었다. 1968년부터 2006년까지 국립수산과학원의 수온 데이터를 분석[4]하고 있었는데, 그가 밝혀낸 동해 수온의 상승세는 생각 외로 가파르다.

39년 동안 동해의 표층수는 약 0.8도 올랐다. 최근 100년 동안

---

4 한인성, 앞의 글. 학회에 실린 논문은 아니고, 그동안의 수온 자료를 개괄적으로 분석한 자료다. 한인성 박사는 아직 과학적으로 확증할 만한 경향성에 대한 결론을 내리지 못했기 때문에 논문으로 내기에는 좀 이르다고 말했다.

지구 평균 수온이 0.5도, 북태평양이 0.46도 오른 데 비해 정말 빠른 속도다. 측정 기간의 차이는 있지만, 동해가 다른 바다에 비해 빨리 데워지고 있음은 명징한 사실이다. 게다가 명태가 머무르는 겨울에 동해 바다의 수온 상승은 여름철보다 두드러진다. 1968년부터 2004년까지 37년 동안의 데이터를 합산하면, 2월의 동해는 자그마치 1.47도나 올랐다. 반면 여름 상승치는 세계 평균에 근접하는 0.47도에 지나지 않았다.

동해의 수온 상승은 세계적인 기후 변화와 일맥상통한다. 한인성 박사는 겨울철 한반도 주변의 기온, 바람 및 수온에 직접적인 영향을 주는 시베리아 고기압의 세력 변화를 살펴본 적이 있다고 했다.

"1900년부터 2001년까지의 해수면 기압 자료와 1985년부터 2001년까지의 해수면 기압 자료를 비교해봤죠. 시베리아 고기압이 형성되는 중심부 부근에서 1985년부터 2001년 사이의 기압 평균이 지난 100년의 평균에 비해 3헥토파스칼이나 줄어들었더군요. 쉽게 말해서 시베리아 고기압이 예전보다 약해진 거예요."

시베리아 고기압의 약화는 겨울철 냉랭한 한파의 고삐를 풀어주고 풍속의 약화, 쿠릴 한류의 약화를 초래한다. 한 박사는 최근 39년 동안(1968년부터 2006년까지) 한반도 6개 정점(속초, 울릉도, 제주, 부산, 목포, 인천)의 기온이 1.4도에서 3.2도 따뜻해지고, 풍속은 초당 0.7미터에서 2.0미터 감소한 사실을 제시했다.[5] 시베리아 고기압의 약화가 겨울 동해의 수온 상승 그리고 종국에는 변온동물 명태의 이주를 불러일으킨 것이다.

한반도 자연이 변하고 있다

한반도의 기후 변화는 세계 평균의 기후 변화보다 더 극적으로 나타난다. 먼저 지구온난화의 가장 역동적인 풍경인 해수면 상승을 보자. 기후변화정부간위원회 제4차 보고서에 따르면 전 세계 해수면 상승률은 연평균 1.8밀리미터(1961년부터 2003년 사이)다. 반면 한반도의 남해는 해마다 3.4밀리미터 상승한다. 특히 제주도와 추자도, 거문도 등 제주 부근 남해의 해수면 상승률은 더욱 심해서 해마다 5.1밀리미터에 이른다. 반면 동해와 서해는 세계 평균에 못 미친다. 동해와 서해는 각각 1.4밀리미터, 1.0밀리미터가 상승했다.[6] 제주에서 남해 연안으로 이어지는 남해 벨트는 앞으로 해수면 상승의 여파를 가장 많이 받을 지역으로 추정된다. 갑자기 일어나는 너울성 파도가 해안 마을에 침수 피해를 일으키는 등 해수 범람의 빈도가 잦아질 것이고, 장기적으로 습지의 이동과 해안의 침식을 가져올 가능성이 크다.

---

5 한인성, 앞의 글.

6 최창섭, 「해수면 상승으로 인한 해안선 변동」, 《기후 변화 뉴스레터 2008년 3월》, 기상청.

바다의 온도 상승도 마찬가지다. 특히 동해의 수온은 세계 평균은 물론 서해와 남해보다 훨씬 큰 폭으로 오르고 있다. 최근 20년 동안 세계 해양의 평균 수온이 연평균 0.04도 오를 때, 동해는 그보다 1.5배 높은 0.06도(1985년 이후) 올랐다.[7] 바다의 온도 변화는 이미 동해, 서해, 남해의 전통적인 어족 분포를 바꿔놓았다. 동해안에서 나는 대표적인 한류 어종은 명태를 비롯해 대구, 도루묵, 붉은대게 등이었다. 하지만 한류 어종의 어획량이 부쩍 줄었고, 대신 멸치, 오징어 등 중소형 어종의 어획량이 늘면서 보라문어, 노랑가오리 등 아열대성 어종도 발견되기 시작했다. 서해에서는 참조기와 갈치 대신 멸치와 오징어가 대표 어종으로 떠올랐다. 남해안의 대표 선수는 멸치였다. 최근에는 아열대 어종인 바다의 귀족 참다랑어가 몰려오기 시작했다. 아열대 어종이 남해 바다에서 대세를 이루는 날이 그리 멀지 않은 것 같다.

한반도 지표면의 온도 상승률은 지구 평균의 약 두 배다. 지난 100년 동안 지구의 평균 온도는 약 0.7도 오른 데 비해 한반도는 1.5도 상승했다. 온도 상승은 농업작물의 재배 한계선을 북상시켰다. 이를 가장 극적으로 보여주는 것이 전통적인 지리적 상식을 해체시킨 특산물 지도다. 한반도 남부 지리산 기슭에서 자라던 녹차가 강원도 춘천 등지로 북상 중이다. 사과는 대구와 문경이 주산지였다. 그러나 대구 사과, 경북 능금의 이름값을 강원도 영월,

양구에 넘겨줄 태세다. 제주도를 대표하는 감귤과 한라봉은 이미 남해안의 고흥, 완도 등에 상륙해 천천히 위도를 거슬러 오른다. 열대과일인 구아바는 경기도 남양주에서 재배된다.[8]

기후 변화를 연구하는 표본지역에서도 생태계의 변화가 관찰된다. 2005년부터 2007년까지 3년 동안 월악산 국립공원이 위치한 충주 지역의 연평균 기온은 약 1도 상승했다. 같은 기간에 월악산에 서식하는 양서류의 종 다양성 지수는 감소했다. 이끼도롱뇽, 무당개구리, 북방산개구리 등 양서류 10종의 종 다양성 지수는 2005년에 1.84였지만, 2007년에는 1.46이다. 양서류는 어류와 같은 변온동물이기 때문에 온도 변화에 민감하다.

한국의 대표 나무인 소나무는 일반적으로 봄에 자란다. 그런데 가을에도 가지가 자라는 이상생장 현상이 전국적으로 나타나고, 생장 강도도 세져 간다. 서울 도심의 벚나무에선 꽃이 빨리 핀다. 꽤 남쪽인 전북 전주와 거의 같은 개화기다. 도시에서 일어나는 열섬 현상과 더불어 증폭된 듯하다. 서울 도심의 개화 시기는 도시 외곽 지역보다 일주일가량 이르다.

도시 생태계에 서식하는 까치, 비둘기 등 봄철 번식 조류의 번식 성공률도 증가한다. 매서운 꽃샘추위가 사라져서 번식 환경이

---

7 「동해 수온 "異常 상승"…한류 어종 사라진다」, 《세계일보》, 2007.5.29.
8 「감귤밭→남해, 녹차밭→고성……특산물 지도가 바뀐다」, 《한겨레》, 2007.8.27.

좋아졌기 때문이다. 까치, 비둘기는 앞으로 개체 수가 더욱 늘어날 가능성이 크다. 낙동강 유역에서 월동하는 여름철새의 개체 수도 늘어난다.

원래 여름철새는 겨울에 따뜻한 곳으로 이동해야 하는데 일부 '게으르거나' '튼튼한' 여름철새들이 차가운 겨울에도 그 자리에서 버티기도 한다. 겨울이 예전처럼 춥지 않으므로 게으르고 튼튼한 여름철새들이 불필요한 이동을 포기하는 것이다. 예전부터 있어온 현상이지만, 최근에 더 많아졌다. 낙동강 유역의 여름철새인 백로류는 2005년의 182마리에서 2007년의 435마리로 늘었다. 같은 기간 왜가리도 103마리에서 523마리로 늘었다.[9]

이런 변화는 한반도가 점점 아열대 기후에 포위되고 있음을 보여준다. 열대, 아열대, 온대, 냉대, 한대 등 기후대는 여러 학자들의 이론에 따라 달리 구분된다. 쾨펜의 기준에 따르면, 한반도는 인천을 포함한 서해안과 남해안 및 남부 내륙 지방이 아열대에 속한다. 스트랄러나 크루츠버그 기준에 따르면, 제주도나 제주 일부 지역이 아열대에 해당한다.

한국에서 가장 널리 쓰이는 기준은 미국 기후학자 트레와다Glenn T. Trewartha의 구분법이다. 트레와다에 따르면, 아열대는 가장 추운 달의 평균 기온이 18도 이하이면서 월 평균기온이 10도 이상인 달이 8개월 이상인 지역이다. 한반도에서는 제주도와 남

해안의 일부 지역이 아열대 기후에 속한다.

국립기상연구소는 기후변화정부간위원회의 시나리오에 따라 한반도 미래의 기후를 시뮬레이션했다. 제4차 보고서에 등재된 여섯 개 시나리오 가운데 A1B 시나리오[10]를 선택했다. 이 시나리오에 한반도의 과거 기후값을 넣고 온실가스 배출 조건에 따라 기후모델을 돌리면, 한반도의 아열대 기후 지역은 이번 세기말에 극

---

9 기후 변화에 따른 생태계의 변화에 대한 연구는 아직 한국에서 걸음마 수준이다. 환경부는 2004년부터 2013년까지 10년 동안 국가장기생태연구 사업을 벌이고 있다. 기후 변화 표본 주제를 설정하고 해마다 중간 연구 결과를 발표하는데, 책에 수록된 내용은 2007년까지의 연구 결과를 환경부가 발표한 것이다. 환경부 보도자료, 「지구온난화로 생태계 교란 심화」, 2008.7.8.

10 A1B는 세계 경제가 급속히 성장하고 효율적인 기술도 거듭 채용하는 A1 시나리오와 같지만, 자원 간의 고른 균형이 이뤄지는 사회이다. 한국에 가장 가능성이 높은 시나리오로 꼽히지만, 이조차도 현재의 화석연료 사용량을 현저히 줄여야 한다.

적으로 확장된다.

트레와다의 기후대에 따라 아열대는 제주도와 남해안을 시발점으로 동해안을 따라 진격한다. 속초와 울릉도가 먼저 아열대 기후에 포함된다. 그리고 따뜻한 기후는 서해안과 내륙 지역으로 확장하는 경향을 보인다. 이는 동해안의 수온 상승 경향이 서해안이나 남해안보다 두드러지기 때문이다.

2100년에 이르러선 지리산의 좌우를 중심으로 소백산맥과 태백산맥 산간 지방을 아열대 기후가 포위하는 형세를 보인다. 아열대 기후는 지리산 동쪽으로 진주, 대구, 포항을 거쳐 울진, 동해, 강릉, 속초까지 북진하고, 서쪽으로는 광주, 정읍 등 호남평야를 지나 부여, 천안, 인천에 이른다.[11] 기온은 4도 오르고, 강수량은 20퍼센트 증가한다.[12]

명태 없는 명태 축제

2009년 2월이었다. 고성군 거진에서 명태 축제가 열린다는 소식을 인터넷에서 우연히 발견했다. 명태를 보러 거진에 간 지 3년이 지났다.

---

[11] 권영아, 「A1B 시나리오에 따른 우리나라 아열대 기후구 전망」, 〈기후 변화 뉴스레터 2007년 9월〉, 기상청.

[12] 기상청 보도자료, 「미래 기후 전망」, 2007년 4월 6일 자. 국립기상연구소가 이번 세기말의 이산화탄소 농도를 720피피엠으로 전제하고 시뮬레이션한 결과다. 1971~2000년 평균 대비 기온은 4도 오르고 강수량이 20퍼센트 증가하는 것 이외에 극한 고온 현상과 호우 빈도가 증가한다. 반면 극한 저온 현상의 빈도는 감소한다.

이제 명태 어획량은 통계적 의미가 없을 정도로 미미해졌다. 고성에 다녀온 2006년에는 급기야 10톤 미만으로 떨어져 6톤의 초라한 어획량을 보였다. 이듬해에는 급기야 1톤 미만으로 떨어졌다. 2007년에는 667킬로그램이었고, 2008년에는 300킬로그램이었다. 200그램을 한 마리로 쳤을 경우, 300킬로그램이면 1,500마리에 불과했다. 사실상 의미 없는 양이었다. 다른 어종을 잡는 데 쓰이는 그물에 우연히 걸린 명태들이 간신히 통계의 빈자리를 채웠을 뿐이다.

어민들도 명태잡이를 미련 없이 포기했다. 동해 바다에서 쿠릴 해류를 기다리는 어부는 아무도 없었다. 명태는 이미 수입산 명태가 99퍼센트 이상을 차지했다. 2008년에만 22만 톤이 수입됐다. 러시아, 일본, 미국 어선들이 잡은 명태였다. 동해에서는 대신 비싼 값에 거래되는, 난류성 어종인 복어가 잡히기 시작했다는 소식만 가득했다.

명태가 보고 싶었다. 천연기념물격인 명태를 축제에 가면 볼 수 있을까. 동해에서 잡힌 1,500마리 가운데 한 마리 정도는 유리관에 넣어서 전시되지 않을까. 명태 축제 홈페이지에 들어가니까 명태 관련 행사 일정이 나왔다. 명태잡이 재현, 명태 할복 체험, 명태 무게 달기 체험, 명태 요리 시식회……. 나는 명태 축제 주최측인 고성군청으로 전화를 걸었다.

"명태 축제에 가면 진짜 명태를 볼 수 있나요?"

"수입산도 명태니까. 진짜 명태 맞죠."

"아니요, 국내에서 잡힌 지방태 말이에요. 연안태라고도 하고."

고성군청의 공무원은 갑자기 복어 이야기를 했다.

"지금은 복어가 많이 잡혀요. 명태가 어쩌다 그물에 걸려 들어온다는 얘기도 있지만, 그것들은 식당들이 입도선매해버리죠. 일반인은 거의 구경하기 힘들다고 볼 수 있죠. 우리 군청도 마찬가지고요."

"그럼, 명태 축제에서도 지방태를 볼 수 없는 건가요?"

"안 나는 걸 어떡해요. 명태도 안 나는데, 왜 명태 축제를 하느냐고 힐난하는 소리도 있었어요. 그래서 명태 축제를 몇 년 전부터 '고성 명태와 겨울바다 축제'로 바꿨어요."

세 시간을 달려 거진항에 닿았다. 거진항 입구에는 언제 세워졌는지 모르는 '고성 랜드마크 공원'이 있었다. 자동차를 잠깐 멈추고 공원으로 걸어 들어갔다. 고성의 랜드마크는 명태였다. 파도를 박차고 오르는 명태를 어부가 껴안고 있다.

고성 명태와 겨울바다 축제는 이번이 11회째였다. 첫 회는 명태가 아직 동해 바다에서 헤엄치던 1999년이었다. 그때의 이름은 고성 명태 축제였다. 초기만 해도 축제는 명태로 활기찼던 것 같다. '전국 명태 어획량의 70퍼센트를 차지하는 국내 최고의 명태 어장을 가진 고성군에서 명태의 맛과 군어로서의 자부심을 알리고자, 고성군 명태축제추진위원회가 주최하고 고성군이 후원하여 열린다'라는 인터넷 네이버 백과사전 '고성 명태 축제'의 설명에도 자부심이 묻어났다. 정원대보름 즈음에 고성군 내 10여 개 항구를 돌면서 열리던 고성 명태 축제의 하이라이트는 '명태 낚시 찍기 대회'였다고 한다. 누가 빨리 낚시에 미끼를 끼는지 손놀림을 겨루는 행사였는데, 이제 그런 행사는 찾아볼 수 없다. 명태 낚시를 할 수 없으니, 낚시에 미끼를 낄 필요도 없어진 것이다.

고성 명태와 겨울바다 축제 행사장 중앙 무대에서 전자악기 소리가 쩌렁쩌렁 울렸다. 명태 풍선이 아치를 이루고 중앙 무대를 호위했다. 명태 풍선은 랜드마크 공원에서 본 명태보다 훨씬 컸다.

하늘에서 명태가 쏟아졌다. 만국기 대신 걸린 명태가 축제장의 천장이 되었다. 하늘에 걸린 명태의 그림자가 음각화처럼 땅바닥에 새겨졌다.

"명태 한 마리에 천 원이에요. 소주 한 잔도 드려요."

명태 한 마리를 사서 장사치 뒤편 화톳불에서 구웠다. 장사치가 소주를 따라주었다. 이 명태는 부산의 냉동창고를 나와 운반된 뒤, 축제를 위해 급히 해동된 명태다. 그리고 얼마간 말려 반건조 상태의 코다리가 되었다. 코다리는 부산의 냉동창고에서 동태가 되기 전에 오호츠크 해를 헤엄쳤을 것이다. 지금 명태는 이런 원양태이거나 러시아산, 일본산이다.

명태는 사라졌다. 남획이든 온실가스 때문이든 인간에 의해서 사라진 것만은 분명하다. 앞을 바라보지 않고 달려가는 인간의 탐욕 때문이다. 동해의 수온은 0.8도 올랐다. 인간은 느끼지 못할 정도의 미미한 온도 차이지만, 변온동물인 명태에게는 동해가 뜨거운 사막처럼 느껴졌을 것이다.

동해의 어민들은 기후 변화 시대에 비교적 적응을 잘 해냈다. 인간이 명태보다 강자다. 항구에서 명태 축제가 열리고 있었지만, 바다에서는 복어들이 개최한 축제가 한창이었다. 쿠로시오 난류가 그 어느 때보다 세져서 동해의 수온이 평년보다 1~2도 올라갔고, 그러자 남해에서 놀던 난류성 어종 복어가 동해까지 올라와서 따뜻한 겨울바다를 즐겼다. 명태 축제가 끝나면, 1킬로그램당 만 원에 팔리는 비싼 복어를 잡으러 어민들은 바다로 향할 것이다.

ⓒ 남종영, 「북극곰은 걷고 싶다」, 한겨레출판, 2009.

작가 소개

남종영

캐나다 처칠에서 북극곰을 보고 지구온난화에 관심을 갖게 되었다. 지구온난화의 최전선인 북극, 적도, 남극을 종단하며 기후변화 문제를 취재했다. 영국 브리스틀대학에서 인간과 동물의 관계를 공부했다. 지은 책으로 『잘 있어, 생선은 고마웠어』, 『지구가 뿔났다』 등이 있다. 현재 한겨레신문 동물전문매체 〈애니멀 피플〉의 편집장이다.

느낌들

인간은 지구 생태계의 최대 포식자다. 지구라는 행성 차원에서 바라보면 인간은 다른 동식물은 물론 자연 환경을 파괴하는 탐욕스러운 존재다. 지구온난화가 바다의 수온을 높이고 동해 바다의 명태를 사라지게 했을까, 아니면 인간의 탐욕으로 노가리까지 씨를 말린 탓일까. 생태와 환경에 대한 관심은 정부와 시민단체만의 몫이 아니다. 잠시 지구라는 행성에 머물다 떠날 우리 모두가 함께 고민하고 해결해야 할 문제다. 명태를 사라지게 하는 건 쉽지만 돌아오게 하는 건 정말 어려운 일이다.

마중물 독서 4

소비와 환경에 대하여

1판 1쇄 인쇄 2018년 4월 23일
1판 1쇄 발행 2018년 5월 3일

엮은이   류대성, 왕지윤, 서영빈
펴낸이   한기호
책임편집 이은진
편집   박주희
마케팅   연용호
경영지원 김윤아
디자인   김경년
인쇄   예림인쇄

펴낸곳   (주)학교도서관저널
         출판등록 제2009-000231호(2009년 10월 15일)
         주소 121-839 서울시 마포구 동교로 12안길 14(서교동) 삼성빌딩 A동 3층
         전화 02-322-9677 팩스 02-322-9678
         전자우편 slj9677@gmail.com
         홈페이지 www.slj.co.kr

ISBN 978-89-6915-047-9 (04800)
     978-89-6915-037-0 (세트)

· 이 도서의 국립중앙도서관 출판예정도서목록(CIP)은 서지정보유통지원시스템 홈페이지
 (http://seoji.nl.go.kr)와 국가자료공동목록시스템(http://www.nl.go.kr/kolisnet)에서 이
 용하실 수 있습니다. (CIP제어번호 : CIP2018012456)
· 이 책에 실린 글들은 저작권자로부터 사용 허가를 받고 계약에 따른 사용료를 지급한 것입니다.

· 책값은 뒤표지에 있습니다.